Cómo Operar en Rangos

Negocia el Mercado más Interesante del Mundo

Traducido del inglés al español por Carlos Parra

I0512204

Heikin Ashi Trader

SPLENDID ISLAND

Tabla de Contenido

1. Introducción al Trading en Rango 4
2. ¿Qué es un Mercado en Rango? 12
3. ¡Mira Hacia la Izquierda! 18
4. ¿Cómo Trazar Líneas de Soporte y Resistencia Correctamente? 22
5. ¿En Cuáles Mercados Puedes Operar en Rango? 26
6. ¿Cómo Operar en Rango en la Práctica? 30
7. ¿Dónde Debo Colocar el Stop? 43
8. Preguntas sobre la Gestión de Trading 48
   A. ¿Deberías cerrar tu posición antes del fin de semana? 48
   B. ¿Deberías Usar Stops de Arrastre en el Trading en Rango? 50
   C. ¿Qué Debes Hacer si la Operación no va "a Ningún Lado"? 51
9. Ejemplos de Mercados en Rango 54
   A. Operando rangos en el mercado de divisas 54
   B. Análisis más Profundo de un Período Lateral en el E-Mini 62
   C. Análisis más Profundo de un Período Lateral en el FDAX 68
10. Estrategias Avanzadas 77
    A. Límites oportunistas 77

- B. Falsas Rupturas 85
- 11. Canales de Tendencia (Trading en Canal) 88
- 12. Lo Realmente Importante 93
- 13. Trading en Rango para Day Traders y Scalpers 96
  - Glosario 105
  - Más libros de Heikin Ashi Trader 111
  - Sobre el Autor 116
  - Sello Editorial.. 117

1. Introducción al Trading en Rango

Al caracterizar las condiciones reales del mercado, los traders suelen hablar de mercados en tendencia y mercados "sin tendencia". Debido a que ganan más dinero con los primeros, muchos creen que no vale la pena negociar los mercados sin tendencia y los evitan a toda costa.

Esta visión es la consecuencia lógica de una filosofía de mercado que observa el comportamiento de los mercados financieros principalmente en función de las tendencias. Este es, en mi opinión, un punto de vista que los traders deberían cuestionar, pues lo que perciben como "tendencias" en un gráfico a menudo no son más que raras anomalías que no son la regla, sino la excepción.

La regla es que los mercados financieros se desarrollan principalmente en zonas sin tendencia, las cuales son difíciles de definir. Es como si durante estas fases los participantes del mercado tomarán una postura pasiva y decidieran simplemente "esperar a ver qué pasa". Es cierto que aquí también los contratos cambian de propietarios, lo que puede causar cierta volatilidad, pero estas transacciones no son lo suficientemente grandes como para desencadenar un movimiento significativo que los traders puedan identificar como una tendencia.

Los traders compran y venden como siempre, pero pareciera existir cierta unanimidad entre ellos en cuanto a los precios. También hay altos y bajos, pero estos son limitados, incluso si el trader puede identificarlos en el gráfico. Estos extremos conforman los precios más altos o más bajos que los participantes del mercado están dispuestos a pagar. Cuando los precios alcanzan uno de estos extremos, el trader usualmente observa que al mercado le gusta dar un giro de 180 grados y moverse hacia la otra orilla.

En este caso, en el lenguaje especializado se habla de un **mercado lateral** o un **rango de negociación**. Dado que la mayoría de traders están orientados hacia la tendencia, usualmente las evitan o cierran sus posiciones cuando el mercado se aproxima a ellas. Luego esperan a la siguiente "señal" para que el mercado salga de la "unanimidad" y retome de nuevo la tendencia anterior (o una nueva).

No quiero criticar esta manera de pensar. Es una filosofía comercial legítima y posiblemente rentable, que, por supuesto, funciona particularmente bien cuando los mercados experimentan periodos claramente tendenciales. Sin embargo, si esto no ocurre, el seguidor de tendencias tiene serias dificultades para lograr sus objetivos.

Para ilustrar el problema más de cerca, veamos al par de divisas EUR/USD.

Figura 1: EUR/USD, gráfico diario, mayo 2015 - octubre 2016

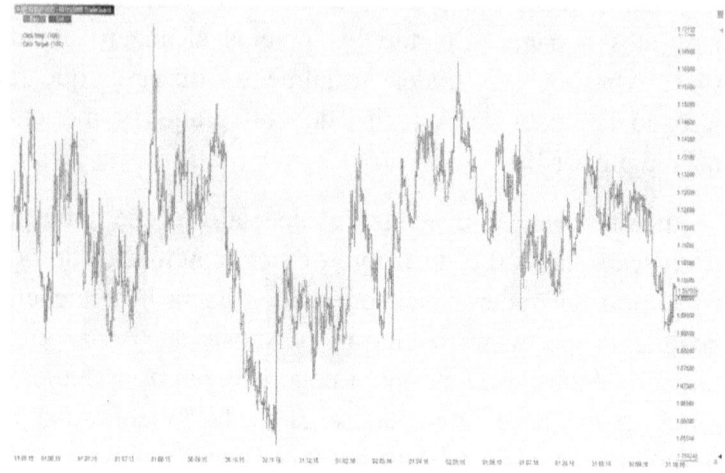

La imagen muestra el par EUR/USD en un período de aproximadamente 16 meses. Sin lugar a dudas se presentaron tendencias ascendentes y descendentes durante este período, unas que el trader hubiese podido negociar de manera rentable. Mirando más de cerca, sin embargo, nos podemos dar cuenta de que no fueron tendencias lo que el mercado experimentó la mayor parte del tiempo, sino rangos.

He marcado en amarillo algunos de estos períodos laterales. Si sumaras el número de días en los que el mercado no mostró tendencia alguna rápidamente encontrarías que son la abrumadora mayoría. En otras palabras, **las tendencias son las excepciones, mientras que los mercados laterales son la regla.**

Algunos lectores podrían culparme de seleccionar deliberadamente una fase lateral en el EUR/USD.

Figura 2: EUR/USD, gráfico diario, junio 2014 - febrero 2015

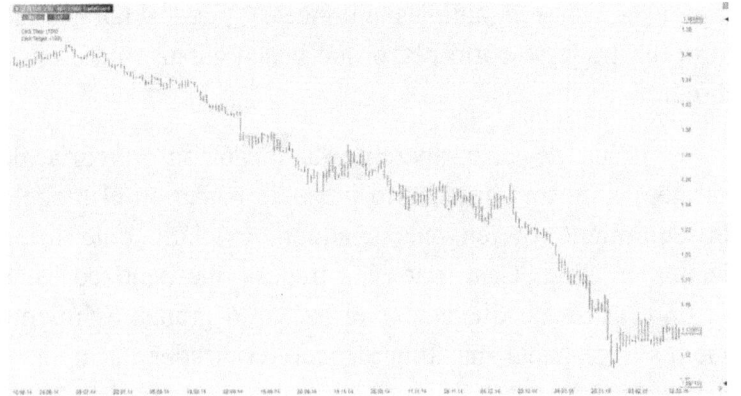

Cualquiera que observe el período comprendido entre junio de 2014 y febrero de 2015 en el par EUR/USD podrá ver una "tendencia" claramente descendente. Pero mirando más de cerca podemos observar que el par se movió lateralmente en la mayoría de los días de negociación (zonas amarillas en el gráfico), mientras que los días de tendencia fueron la minoría.

Visto desde una perspectiva más general, los jugadores del mercado parecen empujar al par hacia abajo. Venden el euro y compran el dólar. Sin embargo, para poder aprovechar realmente esta orientación a la baja necesitas como trader una buena dosis de paciencia. A algunos períodos laterales de esta "tendencia" les tomó más de un mes retomar la dirección deseada.

Como inversor o trader que negocia a mediano o largo plazo de seguro habías previsto esta subida del dólar, así que los rangos no van a hacer cambiar tu estrategia. Puedes confiar en esta apreciación y seguir negociándola con confianza. La pregunta es entonces: ¿puedes hacer esto como un trader a corto plazo que busca ganar dinero en el comercio de divisas?

A pesar de este aparente hallazgo, la mayoría de estrategias de trading a corto plazo se basan en el modelo de seguimiento de tendencias, aunque es claramente difícil de implementar. Casi todos los traders que conozco están siempre en la búsqueda por el próximo gran movimiento que les haga ganar más dinero, sean day traders, scalpers o cualquier otra cosa.

Es común que por la noche (o durante el fin de semana), cuando todo se ha dicho y hecho en el mercado y mirando el gráfico de la jornada, el trader se pregunte por qué no hizo esto o aquello, lo que ahora parece obvio mirando el gráfico.

Lo hace porque supone que cumplirá más rápido con sus objetivos financieros si de vez en cuando pueden rentabilizar uno de estos grandes movimientos. Entonces, dicen, tendrán éxito como traders.

Es comprensible. Si como principiante miras un gráfico financiero tus ojos se sentirán naturalmente atraídos por las grandes subidas y bajadas. La pregunta más común de los principiantes es siempre, *¿cómo hago dinero con estos movimientos?*

Sin embargo, también existen grupos pequeños y especializados de traders que no se preocupan por estas tendencias, sino que hacen exactamente lo contrario: negocian las fases laterales.

Curiosamente, la gran mayoría de la literatura comercial se ocupa principalmente de la detección de tendencias. Esto aplica no solo a los libros que hablan explícitamente del seguimiento de tendencias, sino también a la mayoría de libros sobre comercio intradía. Aunque el trading a corto plazo es un juego completamente diferente al seguimiento de tendencias o a la inversión, la literatura habla principalmente de cómo atrapar las "grandes" movidas intradía. Cuando hablas con day traders, te das cuenta de que la mayoría están dedicando su tiempo a buscar este tipo de movimientos y su estrategia para ganar dinero con ellos.

Sin embargo, hay una alternativa a este tipo de cacería de tendencias. Lo llamo **trading en rango**, aunque hay diferentes nombres para calificarlo. Antes de comenzar a escribir este libro, eché un vistazo a la literatura comercial disponible, y la verdad es que casi no encontré referencias que trataran explícitamente el tema, ¡aunque se ha comprobado que los mercados laterales representan más del 70% del mercado!

El único libro que se refiere abiertamente a este tema es el de Al Brooks con el abultado título: "*Trading Price Action Trading Ranges: technical Analysis of Price Charts Bar by Bar for the Serious Trader.*" (Negociando la Acción del Precio: Rangos - análisis técnico de gráficos de precio barra por barra para el trader serio). El libro fue publicado en 2012 por Wiley y describe cómo negociar correcciones y rupturas, pero la negociación propia del rango sólo se trata escuetamente en tres breves capítulos.

Como puedes ver, el modelo de seguimiento de tendencias se ha grabado tan profundamente en el cerebro de la mayoría de traders, que no pueden pensar de otra manera.

Para remediar esta limitación, decidí escribir este libro. No se trata de cómo identificar un rango y luego negociar una ruptura, sino cómo negociar el rango como tal.

Me gustaría señalar que esta es una estrategia comercial muy válida e interesante. Solo hasta hace poco creí que los mercados en tendencia eran mucho más interesantes que los rangos. Las tendencias me apasionaban y siempre estaba buscando estrategias para sacarles el máximo provecho. Que el trading en tendencias no es tan fácil como parece a primera vista fue claro para mí después de un tiempo, pero realmente no tenía una solución para este problema. Simplemente busqué otras formas o estrategias para operar la tendencia. Y hay miles de ellas.

Sin embargo, encontrar literatura con respecto a cómo negociar en rango es mucho más difícil. De vez en cuando puedes hallar una página en Internet que se ocupe de esto, pero los autores repiten el mismo mantra todo el tiempo: "compra el soporte y vende la resistencia…"

¿Pero cómo puedes identificar el soporte y la resistencia? ¿Cómo trazas líneas de soporte y resistencia correctamente para que el rango sea identificable? ¿Qué tipo de señales debes seguir y evitar? ¿Cómo y dónde sales del rango? ¿Y qué deberías hacer si la operación no alcanza el precio objetivo?

Estas son las preguntas reales que, como trader, te debes hacer, y este libro trata detalladamente sobre ellas. ¡Que lo disfrutes!

2. ¿Qué es un Mercado en Rango?

Figura 3: Mercado en Rango

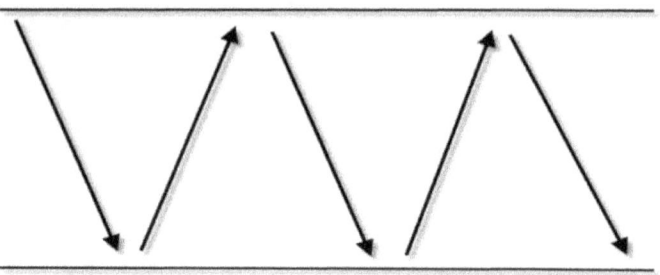

La figura 3 muestra de manera simple un mercado en rango. El precio oscila entre dos áreas extremas. Estas áreas son los límites del rango:

Límite superior (línea horizontal superior): **resistencia**

Límite inferior (línea horizontal inferior): **soporte**

Sin embargo, solo podemos identificar un rango cuando el precio del mercado toca al menos dos veces la resistencia y el soporte.

Figura 4: Futuro T-Note a 10 años, gráfico horario, 19 de julio – 21 de julio de 2017

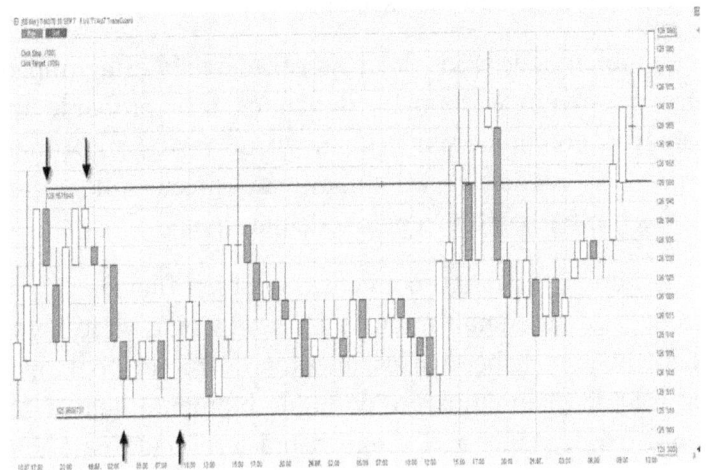

La figura 4 muestra una captura de pantalla de los futuros T-Note, los pagarés sobre los bonos del tesoro de los Estados Unidos a 10 años. En el lado izquierdo de la tabla marqué los dos primeros toques superiores e inferiores con las flechas. Después del segundo toque en el nivel del soporte, podemos hablar de un rango. En general, Entre más puntos de contacto tanto en la línea de soporte como en la de resistencia, más significativo (o más fuerte) se vuelve el rango.

Entre más puntos de contacto también se hace más difícil disolver el rango. En otras palabras, se necesita un catalizador especial (noticias económicas importantes o mucho dinero) para que una ruptura pueda tener éxito. Esto sucedió en el ejemplo anterior en la resistencia (velas blancas en el extremo derecho de la tabla). Sin embargo, un primer intento del día anterior ya había fallado. Después de unas horas, el mercado volvió a caer en el rango, el cual se prolongaría por un tiempo más. Me gustaría discutir en el libro cómo lidiar con ese escenario.

También podríamos decir que el mercado está atrapado entre un nivel de soporte (donde es más probable que aparezcan compradores) y un nivel de resistencia (donde surgen más vendedores). Es como si el precio saltase entre los dos límites como una pelota de ping-pong.

Así como un rango comienza, también finaliza. Y esto sucede mediante una ruptura del rango. Como ya lo hemos dicho: pueden haber varios intentos de ruptura del rango que fracasan, sin embargo, en algún momento una ruptura tendrá éxito, y luego el rango habrá terminado para darle lugar a una tendencia.

No conozco ningún método para predecir el final de un rango, así como tampoco puedo predecir el futuro de un mercado. Todo lo que puedo decir es que un día el trader se da cuenta de que una ruptura ha tenido éxito y que el mercado ya no regresa más.

Sin embargo, el buen trader también debe tener presente que los mercados siempre regresan a estos rangos abandonados después de un tiempo. Me gustaría mostrar algunos ejemplos en el libro.

La idea básica del trading en rango es abrir posiciones de compra en el área de soporte y cerrarlas tan pronto el mercado alcanza el límite superior del rango. Por el contrario, los traders pueden abrir posiciones cortas y cerrarlas tan pronto el mercado alcanza la línea de soporte. Obviamente que el trader puede repetir esta estrategia siempre que el mercado se mantenga dentro del rango de negociación.

Las ventajas de este enfoque son obvias:

- Existe un número ilimitado de rangos de negociación en todo momento y en todos los mercados financieros.

- El punto de entrada y el punto de salida (comprar o vender) en el rango se definen claramente: su límite superior o inferior.

- El precio objetivo siempre es el otro extremo del rango: para posiciones largas el límite superior, y para posiciones cortas el límite inferior.

- La relación riesgo-recompensa (RRR) también es definida claramente por el rango. El trader sabe exactamente cuánto puede ganar en la operación. Si el otro lado está a 100 puntos de la entrada, el beneficio máximo es de 100 puntos.

- Por lo tanto, el rango también define claramente el riesgo. Si el trader tiene la posibilidad de ganar 100 puntos y quiere trabajar con una RRR de 1: 2, su stop debe estar 50 puntos por debajo de la entrada.

- El trading en rango a menudo tiene una tasa de aciertos superior a 50%. Por lo tanto, el trader puede elegir una RRR menor y aún así operar de forma rentable.

Una relación riesgo-recompensa menor puede significar que el trader arriesga exactamente los puntos que quiere lograr. En el ejemplo anterior, podría decidir colocar el stop también a 100 puntos de la entrada (como su objetivo) y trabajar con una RRR de 1: 1, necesitando así una tasa de aciertos de al menos 51% para operar de forma rentable (antes de las comisiones).

No critico esto. Puede haber buenas razones por las cuales un trader decide utilizar dicho modelo, ya que la ventaja es obvia: el mercado alcanzará su stop con menor frecuencia. Si pierde, sin embargo, pierde el doble que en la RRR de 1: 2.

Tampoco debemos pasar por alto el hecho de que las estrategias de negociación en rango, como en cualquier otra estrategia, presentan **desventajas**:

- El objetivo de precio claramente definido inicialmente limita el beneficio en el rango.

- Los mercados no siempre se adhieren a los límites de rango existentes.

- Las rupturas del rango en la dirección opuesta a la posición del trader conducen a pérdidas.

- El mercado no siempre alcanza el precio objetivo, lo que por supuesto reduce el beneficio general.

- Los traders no siempre pueden identificar claramente el rango.0

Discutiré todos estos puntos en este libro. Me gustaría explica en detalle cómo identificar un rango y centrarme en el problema de la falsa ruptura de los rangos por medio de varios ejemplos. Además, quiero explicar el tema de la RRR, la cual también juega un papel muy importante a la hora de negociar bajo estas condiciones de mercado.

Finalmente, una gran parte del éxito comercial se obtiene de la combinación correcta entre riesgo, recompensa y oportunidades de negociación, razón por la cual otro objetivo de este libro es enseñar a los traders a optimizar esta combinación para que puedan obtener los mejores beneficios operando en rangos.

3. ¡Mira Hacia la Izquierda!

He podido constatar a través de varias conversaciones que he tenido con traders, que solo algunos de ellos tienen la costumbre de mirar hacia la izquierda cuando observan los gráficos. ¿Qué quiero decir con esto?

En un gráfico financiero la línea de tiempo siempre se extiende de izquierda a derecha (me han dicho que en China debe ser al revés, pero esto es una broma de traders). Por lo tanto, si queremos saber qué ha sucedido en el pasado, debemos mirar hacia la izquierda.

A pesar de la clara tendencia de los precios en el lado izquierdo del gráfico, no podemos predecir la tendencia de los precios futuros, por más deseable que esto fuera. Sin embargo, existe algo así como una **memoria del precio**. Esto significa que los participantes del mercado parecen "recordar" niveles psicológicos de precios (principalmente altos y bajos) de los últimos días. Con "recordar" me refiero a que tan pronto como el mercado regresa a tal nivel, los participantes del mercado perciben ese nivel como significativo. Algo razonable, si tenemos en cuenta que estos niveles son prácticamente lo único tangible en medio del caos de datos que parece correr sin rumbo en la pantalla.

Por ejemplo, si el EUR/USD del día anterior alcanzó un nivel máximo de 1.1420, puedes esperar que los jugadores del mercado lo recuerden tan pronto como el mercado vuelva a alcanzar el mismo nivel. La pregunta se hace inevitable: ¿volverá a caer el mercado? ¿Irá hoy más allá de este nivel? Lo mismo aplica para los niveles mínimos.

Estos niveles pueden permanecer significativos durante varios días, e incluso semanas. En algunos casos, el mercado "recuerda" importantes puntos de inflexión que han ocurrido meses antes. Este es ciertamente el caso cuando el nivel ha sido generado por grandes decisiones de mercado, como cambios en las tasas de interés o elecciones políticas, las cuales pueden cambiar fundamentalmente la percepción de los participantes. El trader debe prestar atención a tales niveles, ya que el mercado no se olvida de ellos tan fácilmente.

La dificultad para trazar líneas horizontales en el gráfico (las cuales hacen que estos niveles sean distinguibles) está por supuesto en la interpretación de qué es importante y qué no. A veces el trader tiene que hacer correcciones, ya que la acción del precio parece tomar un nivel diferente al inicialmente calculado. Es realmente frustrante trazar una línea en el gráfico que es continuamente obviada por el precio mientras otro nivel que has pasado por alto es alcanzado todo el tiempo.

Aunque he negociado en los mercados durante años, de vez en cuando me equivoco y debo corregir. Una vez más, al Sr. Mercado le gusta engañar las expectativas de los participantes. Es imperativo decir adiós a la idea de que este negocio es una ciencia exacta.

Figura 5: EUR/USD, Gráfico de 4 horas, 12 de junio - 12 de julio de 2017

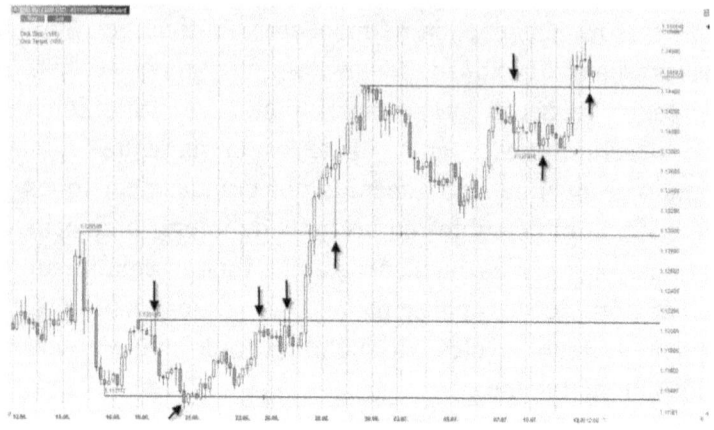

Como ejemplo de la importancia de "mirar hacia la izquierda", veamos una sección del EUR/USD en junio de 2017. Las flechas indican niveles de precios que habían sido significativos para el mercado en los últimos días. En algunos casos el mercado incluso giró exactamente al mismo precio anterior. En otros casos, exageró un poco y luego se revirtió.

En otras palabras, **a los mercados les gusta avanzar de tal manera que, antes de continuar, regresan primero a viejos niveles de precios que ya han conquistado en el pasado.** Los traders experimentados saben negociar tales retrocesos, pero ese no es el tema del libro.

Obviamente puedes operar sin este conocimiento. Sin embargo, si vas a negociar en rango, "mirar hacia la izquierda" debería convertirse en una de tus máximas. Por lo general, encontrarás información en el lado izquierdo del gráfico que puede ser clave para tu operación actual. ¿No es esta información valiosa?

Ahora, "mirar hacia la izquierda" no es una fórmula mágica que solo te traerá beneficios en el mercado. Este método simplemente te ayudará a identificar mejor el "campo" donde los participantes están jugando actualmente.

Esto es especialmente importante para el trading en rango, ya que una vez identifiques los límites del campo de juego, es posible que hayas encontrado los puntos de entrada y salida de tus futuras posiciones. El trading en rango es algo muy simple. Sin embargo, para hacerlo más fácil, primero debes observar detenidamente el lado izquierdo de tu gráfico.

Una vez hayas aprendido a prestar atención a estos niveles importantes, tienes la oportunidad de evaluar la situación actual del mercado de una manera más útil y provechosa. Aún no podrás predecirlo – ¡nadie puede hacerlo! – pero ahora puedes formular una estimación más realista de la evolución futura del precio. Si eres capaz de tomar la decisión correcta en más de 50% de los casos, es posible que hayas desarrollado un negocio de trading rentable.

Para que puedas hacerlo, primero debes aprender a trazar líneas de soporte y resistencia correctamente.

4. ¿Cómo Trazar Líneas de Soporte y Resistencia Correctamente?

Parece haber una confusión real (e ideas falsas) en la comunidad de traders sobre cómo trazar líneas horizontales de soporte y resistencia correctamente. Me gustaría tratar de eliminar algunos malentendidos que hay en la materia.

En el capítulo anterior he explicado la importancia de los puntos altos y bajos significativos, los cuales todo trader debe incluir en sus consideraciones.

La práctica muestra, sin embargo, que "el mercado" no siempre respeta dichos niveles al 100%. Si el trader considera un nivel de precio como significativo, esto significa que muchos contratos cambiarán de manos en este nivel. También significa que muchos traders cerrarán sus posiciones o cambiarán de largo a corto y viceversa.

Por lo tanto, se puede hablar de **zonas de soporte y zonas de resistencia en lugar de líneas de soporte o líneas de resistencia.** Un ejemplo del futuro del Eurostoxx50 (FESX) puede ilustrar esto.

Figura 6: FESX, gráfico horario, 10 de noviembre - 6 de diciembre de 2016

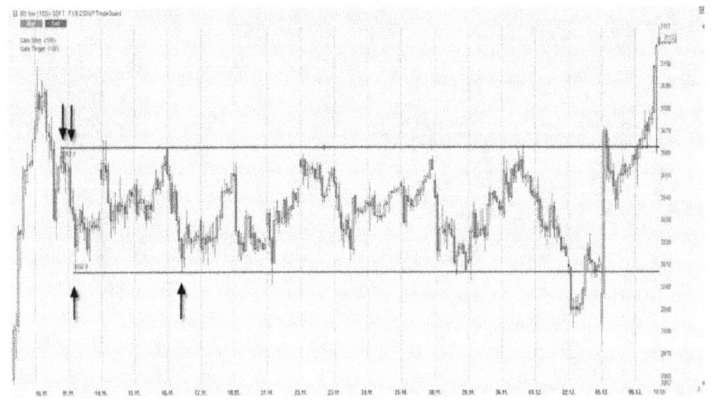

En este ejemplo del futuro del Eurostoxx, tracé las dos líneas en teoría "perfectas". Es decir, vinculé la cima de dos máximos en el rango (en 3062 puntos) y el fondo de dos mínimos (en 3007 puntos). A primera vista, la imagen se ve muy ordenada, y he delineado el rango bastante bien. Mirando más de cerca, sin embargo, podemos ver que muchos puntos de inflexión no han tocado la línea, ni de soporte ni de resistencia.

El mercado parecía tener una visión un tanto diferente a la mía sobre el desarrollo de estos niveles con el tiempo. Es por eso que no está mal ajustar tus líneas a los puntos de inflexión reales del mercado a medida que este se va desarrollando. Jamás debes esperar que el mercado respete siempre tus niveles, algo que no hace de todos modos. Es por eso que he ajustado mis líneas. El resultado se ve de la siguiente manera:

Figura 7: FESX, gráfico horario, 10 de noviembre - 6 de diciembre de 2016, segundo intento

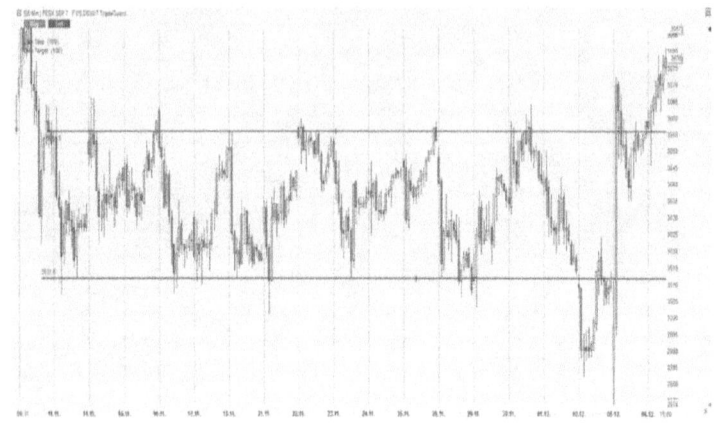

En este ajuste de las líneas puedes ver que el rango se ha reducido un poco. La línea de resistencia ahora está en 3055 puntos y la de soporte en 3011 puntos. Incluso cometí el sacrilegio de trazar mi línea a través de varias sombras y el cuerpo de algunas velas.

Lo importante aquí es mostrar que en este ajuste se han producido muchos más puntos de inflexión que en el primer gráfico. Ahora hay 13 de ellos solo en el soporte. Por lo tanto, habla por sí solo que para el mercado el nivel 3011 fue aparentemente más significativo con el tiempo que el primer mínimo en 3007 (el mínimo del 11 de noviembre de 2016).

La diferencia entre 3007 y 3011 no es enorme, y esa es la razón por la que hablo de zonas de soporte. En esta área hubo un número cada vez mayor de compradores que de vendedores en este período, razón por la cual el mercado subió de nuevo. Debido a que esto sucedió más y más en 3011 que en 3006, también ajusté la línea. No más, pero tampoco menos.

Como puedes ver, dibujar líneas "perfectas" es cuestión de comprender razonablemente el comportamiento del mercado. Casi no hubo contacto alguno con la resistencia en mi primer intento de trazo. El mercado había girado antes, no en 3062, como supuse inicialmente, sino en 3055. Si como trader no tomas nota de este tipo de situaciones, será muy difícil que puedas tener éxito en los rangos.

5. ¿En Cuáles Mercados Puedes Operar en Rango?

R/: En todos.

Existen, por supuesto, ciertos riesgos que debes conocer antes de empezar a negociar. Las brechas, por ejemplo, son un problema en todos los mercados. Siempre aparecen tan pronto el mercado cierra en cualquier momento y abre al día siguiente (o el próximo lunes después de un fin de semana).

Como regla general, las brechas son pequeñas y tendrán poco efecto en el resultado de la operación actual. Sin embargo, hay brechas ocasionalmente más grandes que pueden jugar a favor o en contra del trader. Los catalizadores externos (ataques terroristas, terremotos, salidas inesperadas de elecciones o decisiones como el Brexit) a veces desencadenan eventos extremos en el mercado bursátil y son muy difíciles o casi imposibles de predecir.

También han ocurrido tales eventos en tiempos más recientes, sin un catalizador determinado. Este fue el caso del llamado "flash crash de 2010", cuando el 6 de mayo de 2010 el S&P500 y el Dow Jones se desplomaron casi un 10% en cuestión de minutos. Aún recuerdo el día, ya que tenía una posición corta en el EUR/JPY. Apenas podía creer lo que veía cuando me di cuenta de que mi posición había ganado más de 900 pips. Tuve "suerte" este día. Estaba, por así decirlo, en el lado correcto de la acción.

Si hubiese tenido una posición larga, mi stop se habría alcanzado. La ejecución de mi orden probablemente no habría sido la mejor debido a la volatilidad extrema de ese día, pero mi posición habría estado fuera del mercado antes de sufrir una pérdida importante.

Divisas

Por lo tanto, si no te agradan demasiado las brechas o no quieres que eventos extremos afecten tu negociación, te recomiendo operar en rango con divisas, ya que el mercado Forex está abierto las 24 horas y no hay brechas que puedan afectar tus posiciones. Eso sí, los traders deben cerrar sus posiciones antes del fin de semana para eliminar el riesgo de brechas durante el fin de semana. Puedes abrir la posición de nuevo el domingo por la tarde o el lunes por la mañana con facilidad (en caso de que el escenario que estabas negociando siga siendo válido). Muchos traders hacen exactamente eso.

Acciones

La ventaja de operar en rango en el mercado bursátil es que los rangos pueden extenderse por mucho tiempo. Esto les permite a los traders negociarlos de manera muy rentable. Si un inversor comienza a vender repetidamente, su comportamiento establecerá una zona de resistencia tan pronto como la acción alcance un cierto nivel de precio. Un astuto trader de rango puede beneficiarse de esta oportunidad si es capaz de distinguirla.

También puedes observar este fenómeno en el extremo inferior del rango. A veces un gran comprador "captura" una acción a un precio determinado, lo que crea una zona de soporte. Dichos niveles pueden durar por semanas, hasta que "el comprador" deja de comprar y la acción comienza a subir o bajar.

Las desventajas de negociar acciones son las brechas nocturnas, las cuales a veces pueden llegar a ser extremas. A menudo son mucho más grandes que en los otros mercados. Alguna vez tuve una posición larga en las acciones del fabricante de software alemán SAP. Antes de la apertura del mercado, surgieron noticias que hablaban de una caída de las ventas en los Estados Unidos. Como resultado, el precio de la acción abrió 8% por debajo del precio del día anterior. Tuve que soportar una gran pérdida, y desafortunadamente, no hay stop que ayude con estas brechas nocturnas.

Este incidente fue la razón principal por la que me alejé de la negociación de acciones. Sin embargo, como dije, esa fue mi decisión. A la larga, el impacto de tales eventos extremos se equilibra. Depende del trader aceptar tales eventos atípicos (a su favor o en contra).

He llegado a la conclusión que las acciones no son buenos instrumentos para negociar a corto plazo, incluso si en ocasiones son muy rentables. Prefiero negociar mercados de futuros líquidos, cuyas brechas nocturnas rara vez superan el 1%.

Futuros

La mayoría de los traders profesionales que conozco negocian futuros, y con buena razón. Los futuros son instrumentos financieros muy justos y líquidos. En otras palabras, el trader generalmente obtiene una buena y justa ejecución. Esto aplica tanto a la entrada como a la salida y para las órdenes stop-loss. Fenómenos como el deslizamiento (cuando obtienes un precio de ejecución inferior al previsto) ocurren con poca frecuencia, solo en días muy volátiles.

Por esta razón, los futuros de índices como el E-Mini, Mini-Dow, FDAX o Nikkei 225 son buenos vehículos de negociación para implementar una estrategia en rango. Sin embargo, recomiendo insistentemente que el trader esté muy atento al calendario económico, especialmente cuando los bancos centrales publican decisiones sobre las tasas de interés, ya que los mercados pueden volverse muy volátiles.

También puedes negociar rangos con futuros de bonos y futuros de materias primas, aunque el trader también debe prestar atención aquí al calendario de noticias importantes. En el caso particular de las materias primas, se puede producir un aumento repentino de la volatilidad, especialmente si el futuro se ha estado comerciando en rango durante mucho tiempo. A menudo es más prudente cerrar la posición antes de que el trader espere alguna noticia importante o un informe económico.

6. ¿Cómo Operar en Rango en la Práctica?

En el Capítulo 4 analicé la pregunta de cómo se puede identificar un rango horizontal en el gráfico. No siempre es fácil responder a esta pregunta, porque en algunos casos el margen de interpretación permanece abierto. En última instancia, reconocer un rango depende de las habilidades (o la experiencia) del trader.

Los mercados financieros son estructuras caóticas, y nadie puede decir con total certeza qué está sucediendo en este o aquel momento. Como es bien sabido, siempre están sucediendo todo tipo de cosas, y los eventos inesperados (noticias económicas, decisiones de bancos centrales) pueden romper un soporte o una resistencia en segundos, como si nunca hubiesen existido.

Por esto mismo, el trader siempre debe tener en cuenta este contexto, especialmente cuando algo parece tan obvio en el gráfico que se convierte en una invitación directa para operar. **Es por esto que el trader siempre debe trabajar con órdenes stop loss para proteger su cuenta de pérdidas significativas.**

Debe estar claro para todo trader que sin importar lo que vea (o crea ver) en un gráfico, su punto de vista es una simple interpretación de la realidad. Quien trace una línea en un gráfico no tiene la autoridad para decirle al mercado: "¡quiero que vayas hasta aquí y nada más!"

Como todo trader experimentado sabe, los precios siempre pueden ir más alto (o más bajo), incluso si parece absurdo. El mejor ejemplo de esto es el mercado alcista actual (desde septiembre de 2017) en los índices bursátiles estadounidenses. Los profetas del mercado han presagiado por años sobre el "final" de esta tendencia, y en algún momento es evidente que llegará, no hay duda de esto. Sin embargo, es bastante posible que este mercado alcista se prolongue por mucho más tiempo del que los profetas bursátiles quieran admitir. Hay suficientes ejemplos históricos de esto.

Por lo tanto, los traders viven solo de la gracia de la probabilidad. La probabilidad de que el mercado gire nuevamente en un punto específico debido a puntos pivote previos en ese nivel es mayor. No tiene por qué ser así, pero los datos en el gráfico indican una mayor probabilidad. Quien repetidamente observe este escenario podría descubrir que este es el caso en la mayoría de las situaciones (50% +).

Un trader es, por lo tanto, una persona que toma riesgos calculados repetidamente y toma ventaja de la (pequeña) ventaja estadística que estos tienen. Esta ventaja estadística es la que, después de una serie de operaciones, representará la diferencia entre ganancias y pérdidas. De eso se trata el trading.

En lo que respecta al trading en rango, este es precisamente el caso. Un trader que negocia rangos es alguien que, en base a la observación, asume que los participantes del mercado respetarán los límites superior e inferior del rango (hasta el día de la ruptura exitosa del rango).

Si el trader de rango opera bajo esta suposición, tiene sentido observar de cerca los eventos que ocurren en los límites del rango, con la esperanza de encontrar indicaciones que confirmen o refuercen dicha suposición. Dado que en los ejemplos anteriores algunas de las señales en el gráfico horario no se confirmaron, el trader debería cambiar el gráfico a un marco temporal más pequeño.

Por ejemplo, si un mercado en el gráfico horario toca una línea de resistencia, tiene sentido estudiar el gráfico de 30 minutos o de 15 minutos para encontrar evidencia negociable que justifique una operación. Es por lo tanto imperativo que el trader espere **una señal claramente reconocible** antes de colocar la orden límite.

Por señal, me refiero a una indicación por parte del mercado de su intención por respetar la resistencia o el soporte. En ocasiones el mercado tocará exactamente el soporte y luego girará inmediatamente de nuevo hacia arriba. Esta sería una señal, pero debido a que el mercado apenas toca el soporte, el trader no tiene tiempo para considerar una operación. Los traders no deberían subirse al tren en este caso, porque el trading en rango se trata siempre de entrar tranquilamente con posiciones calculadas.

Si el mercado rompe el soporte y permanece allí durante varias horas, esta tampoco es una señal. Ahora, si hay una recaptura del soporte después de algunas horas, entonces el trader sí recibe una señal de negociación, ya que es evidente el intento por parte de los vendedores por presionar el mercado (algo que obviamente no lograron hacer.) Este hecho justificaría para mí una posición larga con un precio objetivo en la resistencia. Para mostrar esta señal aún más claramente, veamos más de cerca un ejemplo en el EUR/JPY.

Figura 8: EUR/JPY, gráfico horario, 11 - 13 de junio de 2017

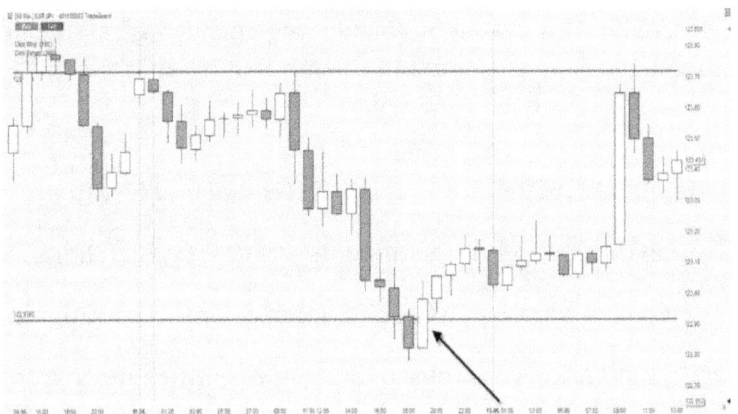

En este ejemplo con el gráfico horario y el EUR/JPY se produjo el escenario antes mencionado. El par de divisas se acerca al soporte y lo rompe (vela roja por debajo de la línea horizontal inferior). La siguiente vela vuelve a ser alcista y tiene un precio de cierre por encima de la línea de soporte (flecha). Los compradores han vuelto a tomar el control del mercado, y este confirma así la existencia del rango.

Debido a que el trader no puede comprar después del final de la vela alcista por razones de gestión del riesgo (porque entonces tendría que comprar algunos pips por encima del soporte), debe observar el comportamiento del mercado en un marco de tiempo más reducido.

Podrías criticar el hecho de abandonar el marco de tiempo actual (gráfico horario) para buscar una señal en una temporalidad más pequeña. Sin embargo, si no lo haces, perderías demasiadas operaciones.

El trader también debe tener en cuenta que cuanto más reducido sea el marco de tiempo, menos significativas son las señales. En resumen, puedo recomendar el siguiente enfoque:

Señal en el Gráfico	Entrada en el Gráfico
Gráfico diario:	Gráfico de 4 horas, Gráfico horario
Gráfico de 4 horas:	Gráfico horario, Gráfico de 30 min.
Gráfico horario:	Gráfico de 30 min, Gráfico de 15 min.

No tiene sentido para mí, por ejemplo, identificar una señal en el gráfico de 4 horas y luego buscar una entrada en el gráfico de 5 minutos. Lo más razonable es buscar una entrada en la temporalidad inmediatamente inferior, es decir, en el gráfico horario o en el gráfico de 30 minutos.

Figura 9: EUR/JPY, gráfico de 15 minutos, 12 de junio de 2017

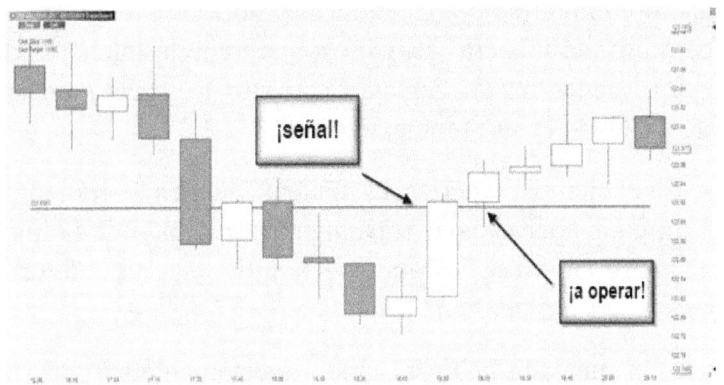

Pude identificar el ejemplo mencionado anteriormente en el gráfico de 15 minutos con el EUR/JPY. Puedes ver el par merodear por debajo de la línea de soporte después de que esta fue traspasada, (a la izquierda en el gráfico). Una vela blanca luego conquistó nuevamente la línea (¡señal!). Solo entonces tenemos una señal clara. Después del cierre de esta vela, el trader puede colocar una orden límite de compra en la línea de soporte.

Mis criterios de entrada para el trading en rango son, por lo tanto, relativamente estrictos. El motivo es simple. Dado que un rango solo incluye un objetivo de precio restringido (y, por lo tanto, un potencial de beneficio limitado), no quiero reducir este potencial beneficio comprando algunos puntos o pips por encima del límite solo porque alguna vela en el gráfico cerró un poco por encima de él.

La buena gestión del riesgo me lleva a colocar mi posición exactamente en el precio de la línea de soporte. Quiero comprar solo a este precio y no a otro. Si el trader opera de esta manera, demuestra que tiene la intención de jugar de acuerdo a sus reglas, y no según lo que el mercado esté haciendo en ese momento.

En el ejemplo anterior, la siguiente vela en el gráfico de 15 minutos apenas cayó brevemente por debajo de la línea de soporte, lo que generalmente significa que la orden fue ejecutada. El trader tiene ahora una posición larga.

Si el mercado hubiese subido directamente sin tocar la línea de soporte, la orden no se habría ejecutado. Esto sucedió en el siguiente ejemplo.

Figura 10: EUR/JPY, gráfico de 15 minutos, 13 de junio de 2017

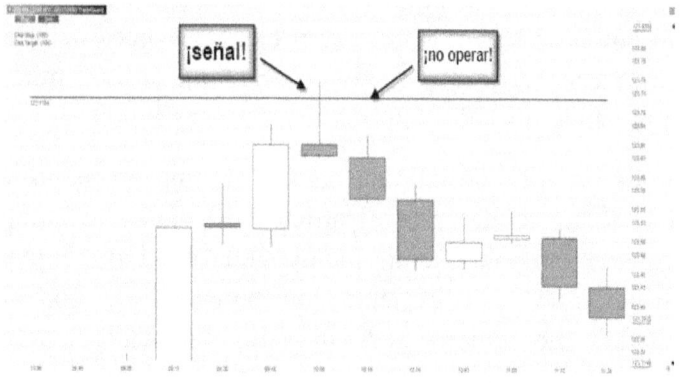

Aquí, el mercado alcanzó el límite superior del rango y luego volvió a caer en él, activando una breve señal en el gráfico de 15 minutos. El trader habría podido colocar una orden de venta límite en la línea de resistencia (línea horizontal superior).

Desafortunadamente, el mercado no ejecutó esta orden. La siguiente vela abrió algunos pips por debajo de la línea de resistencia y cerró aún más abajo sin tocar la línea de resistencia de nuevo: ¡no hay operación!

El mercado luego regresó a la línea de soporte del rango. Esto fue muy "molesto", ya que el EUR/JPY alcanzó su precio objetivo al día siguiente. "Habría" sido una operación rentable si el operador la "hubiese" realizado. "Habría" y "hubiese" son condicionales de tiempo que todo trader debería eliminar de su vocabulario. Como muestra la figura 10, se cumplieron las condiciones para la operación, pero la orden no se ejecutó.

Sé que algunos traders habrían seguido adelante con la operación de todos modos, pero entonces hubiesen tenido que pagar un precio más bajo. Por supuesto, esto abre la puerta para una carrera de trading desordenada, sin reglas.

No puedo hacer suficiente hincapié en esto: <u>el trading exitoso implica que el trader juega bajo sus propias reglas.</u> Si no lo hace, puede que tenga oportunidades rentables de vez en cuando, pero al final perjudica su propia psique al permitir que el mercado tome las decisiones por él.

¡Espero que el lector vea la diferencia fundamental! O el mercado arrastra al trader como un barco sin capitán, o el mismo trader determina cuándo ingresa al mercado y bajo qué condiciones.

Esto, por supuesto, requiere un cierto grado de disciplina que debe ser ejercitada e implementada dentro del sistema, de tal manera que el trader pueda "regalar" semejantes oportunidades sin siquiera mosquearse. A veces, el mercado te da pips y, a veces te los quita. Como trader, no tienes control sobre esto. Lo que sí puedes controlar son las condiciones bajo las que estás dispuesto a actuar o no. Si las condiciones se cumplen, entonces actúa. Si no, mantén las manos quietas.

Es fácil dar esta recomendación. Sé por experiencia propia cuán inclinado me siento a correr detrás de una aparente oportunidad como la antes mencionada. Si lo haces una vez, esto de ninguna manera es una catástrofe. Pero si lo haces una y otra vez se convierte en un hábito, y uno muy malo. Este hábito eventualmente dará lugar a malos resultados, y es aquí donde viene la culpa y la recriminación hacia el mercado, cuando este no tiene ni un céntimo de responsabilidad sobre la falta de reglas claras del trader. El cementerio de traders quebrados es bastante grande, y si puedo evitar que solo uno de ellos opere de esta manera compulsiva, no habré escrito este libro en vano.

Las órdenes límite son muy importantes, especialmente en el trading en rango, ya que cada punto o pip cuenta. Si el trader ingresa al mercado con una orden de mercado por temor a perder una oportunidad rentable, generalmente obtendrá un peor precio. ¿Qué buen negociante actúa de esta manera? Pero dado que la orden está a solo un clic de distancia cuando se ingresa la posición, siempre existe el peligro de que el trader opere impulsivamente y acepte precios más bajos.

Tengo un amigo que tiene una empresa comercial de jugos de frutas. Una vez le pregunté cuánto costaría enviar un camión con fresas cuando abandonara esta orden. La respuesta fue de alrededor de ocho mil euros. ¿En serio crees que a mi amigo no le importa que el precio sea 8100 o 7950 cuando envía un camión con fresas por toda Europa? Le importa mucho. Él ahorra cada euro que pueda; de lo contrario, no compra las fresas.

A mis ojos, todo trader debería tener esta actitud comercial. Al operar con órdenes límite le estás diciendo al mercado: "este es el precio máximo que estoy dispuesto a pagar, este o no compraré."

Con esta "mentalidad avariciosa", perderás una buena operación de vez en cuando, esto se sobreentiende. Sin embargo, no lo olvides: el beneficio lo obtienes al momento de comprar, así que sé muy tacaño.

Figura 11: Futuro del maíz, gráfico de 4 horas, 16 de marzo – 7 de junio de 2017

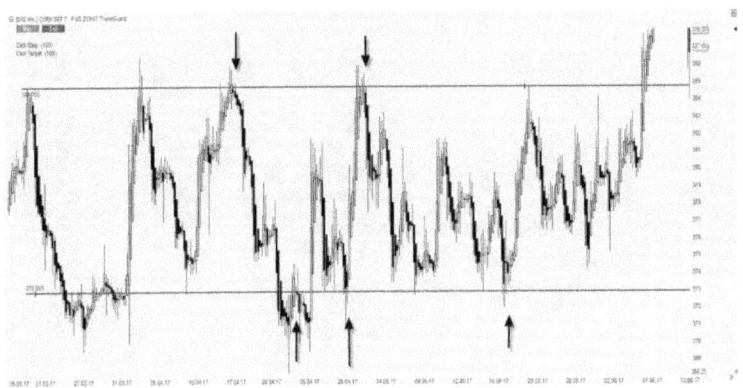

A veces vale la pena mirar más allá de los mercados financieros tradicionales y echar un vistazo a los "mercados no convencionales", como las materias primas. Encontré un buen rango de negociación en el futuro del maíz, de marzo a junio de 2017. Este tipo de mercados tienden a permanecer más tiempo en rango. Si no hay noticias relevantes que cambien la visión fundamental de los principales actores del mercado, no hay razón para las tendencias.

En este caso, el maíz osciló entre $384 y $372 durante 3 meses. A primera vista parece no ser mucho, pero lo suficiente para un trader de futuros. Después de que el rango se volvió visible (tuve que hacer varias correcciones en las líneas), detecté cuatro señales, de las cuales todas alcanzaron sus objetivos. En este caso, utilicé la representación heikin ashi en el gráfico.

Figura 12: Futuro del maíz, gráfico horario, 16 de marzo – 7 de junio de 2017

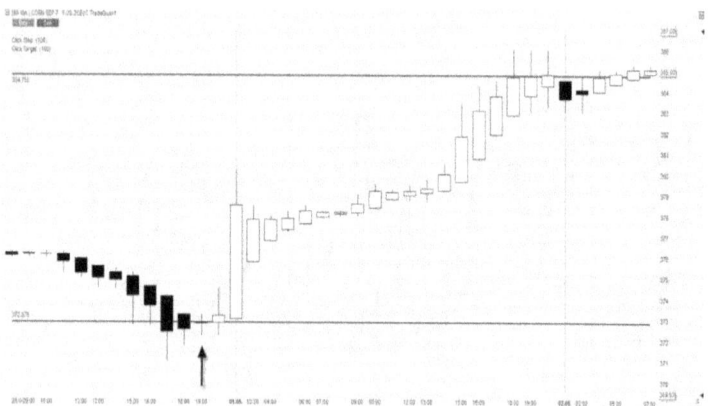

Al cambiar al gráfico horario encontré una situación interesante en el soporte. Vemos una ola descendente (velas negras a la izquierda), lo que provocó una pequeña conquista de la línea de soporte. Después de la siguiente vela (que no produjo un nuevo mínimo), el mercado formó un doji exactamente en la línea de soporte (flecha).

Figura 13: Dojis y Trompos

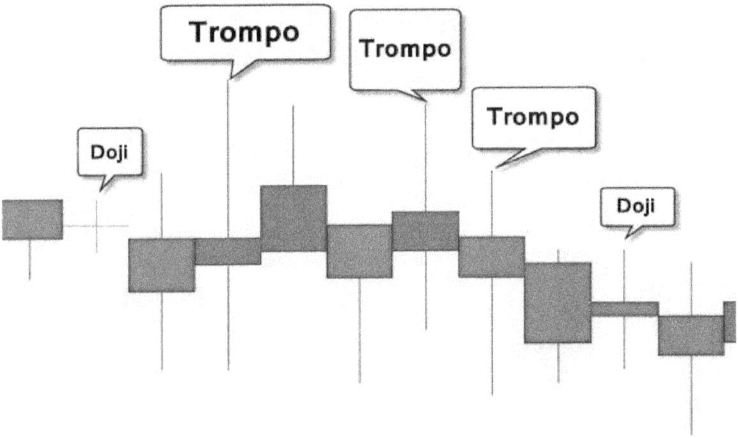

La figura 13 muestra algunos dojis y trompos. Los dojis no tienen cuerpo, o uno muy pequeño con pequeñas sombras, por lo que comúnmente se asemejan a un signo positivo. Por su parte, los trompos tienen largas sombras por encima o por debajo de su cuerpo. Ambos patrones ilustran la incertidumbre en el mercado, ni los osos ni los toros dominan la parada.

Un doji (como en la figura 12 de los futuros del maíz) siempre simboliza una especie de equilibrio entre compradores y vendedores. Por un lado, los vendedores habían llevado el mercado a la zona de soporte, en donde el precio conquistó brevemente la zona. El mercado no produjo nuevos mínimos y un doji surgió finalmente en el soporte. Para mí, esta es una buena señal para colocar una orden de compra con la línea de resistencia como objetivo. El siguiente día confirmó esta evaluación (el 1 de mayo de 2017).

7. ¿Dónde Debo Colocar el Stop?

Cualquier estrategia seria de trading debe abordar el tema del riesgo. Este también es el caso con el trading en rango. Una ventaja que no debe subestimarse de la operación en rango es el hecho de que el stop no tiene que fijarse de acuerdo con los criterios técnicos del gráfico.

La razón es simple: el rango es determinado exactamente por sus límites superior e inferior. Debemos considerar todo lo que sucede por encima o por debajo del rango como un "nuevo territorio" técnico que no pertenece al campo de juego del rango.

Por lo tanto, recomiendo colocar el stop de acuerdo con los criterios de gestión del riesgo y no de acuerdo a ciertos patrones en el gráfico. Por ejemplo, si como trader estás dispuesto a arriesgar tanto como puedas ganar, simplemente puedes calcular la distancia del stop al precio de entrada en función del ancho del rango.

Si el rango es, por ejemplo, de 100 puntos de ancho, el trader puede colocar el stop 100 puntos por debajo del precio de entrada (o 100 puntos por encima de la entrada para una posición corta).

Dado que este trader arriesga todo lo que puede ganar, necesita una tasa de aciertos de al menos 51% para ser rentable.

Trader A: RRR = 1: 1

51 operaciones ganadoras x 100 =   5100 puntos

49 operaciones perdedoras x 100 = 4900 puntos

Total neto: 200 puntos

El trader A, quien opera con una RRR de 1: 1, necesita una tasa de aciertos mayor a 50% si quiere ganar dinero.

Sin embargo, hay traders que prefieren establecer los beneficios en proporción a la cantidad de pérdidas. Estos traders usualmente quieren ganar más cuando ganan y perder menos cuando pierden, por lo que eligen por ejemplo una RRR de 1: 2. De esta manera, quieren obtener un beneficio de 100 puntos en un rango de 100 puntos de ancho y poner el stop a 50 puntos del precio de entrada. En este caso, el cálculo sería el siguiente:

Trader B: RRR = 1: 2

34 operaciones ganadoras x 100 =   3400 puntos

66 operaciones perdedoras x 50 =   3300 puntos

Total neto: 100 puntos

El trader B se encuentra en la cómoda posición de solo tener que ganar 34% de sus operaciones para ser rentable. La desventaja de su método es, por supuesto, que el mercado alcanzará el stop con más frecuencia que en el sistema del trader A, quien colocó su stop más alejado del precio de entrada.

Existen innumerables variantes a estos dos modelos de gestión del riesgo. Sé de un trader de crudo que incluso trabaja con RRR negativas. Su stop está realmente alejado del mercado actual, generalmente 200 centavos o más, pero sus objetivos de precio son menores, por lo general a 20 o 30 centavos. El mercado rara vez alcanza el stop, y generalmente cierra su posición cuando se da cuenta de que la operación va en la dirección equivocada. Tiene una especie de "stop de tiempo" interno, mientras que su stop real es simplemente una especie de "stop de desastres".

No recomiendo seguirlo. El método funciona para él, pero estoy seguro de que muchos traders no se sentirían cómodos con este tipo de gestión del riesgo.

Dependiendo del modelo de riesgo, existen diferentes formas de cambiar los parámetros para que el trader pueda optimizar el resultado. El trader A, que trabaja con una RRR de 1: 1, no podrá realizar muchos cambios en su tasa de aciertos, ya que de por sí es alta (más del 50%). Sin embargo, al igual que el trader de crudo, puede tratar de cerrar sus posiciones perdedoras más rápido y no permitir que alcancen el stop.

Si, por ejemplo, perdiera un promedio de solo 70 puntos en lugar de 100, entonces su resultado neto sería mucho mejor.

Trader A: RRR = 0.7: 1

51 operaciones ganadoras x 100 =   5100 puntos

49 operaciones perdedoras x 70 =   3430 puntos

Total neto: 1670 puntos

En este caso, el trader A puede esperar un beneficio neto de 1670 puntos o 16.70 puntos por operación después de 100 operaciones. Esto suena mucho mejor que los 2 míseros puntos por operación que hizo inicialmente (si permite que las operaciones perdedoras se detengan consistentemente en 100 puntos y no antes).

Por su parte, el trader B también puede optimizar su resultado, aunque dado que trabaja con un stop claramente más estrecho que el trader A, sus opciones de optimización son menores (aunque existen). En su caso, podría tratar de alcanzar una tasa de aciertos de solo 34% a través de una selección cualitativa de sus operaciones. Si este fuera el caso, los resultados serían los siguientes:

Trader B: RRR = 1: 2

50 operaciones ganadoras x 100 =   5000 puntos

50 operaciones perdedoras x 50   =   2500 puntos

Total neto: 2500 puntos

En este caso, el trader B incluso podría esperar un beneficio neto de 2500 puntos, o 25 puntos por operación después de 100 operaciones. Este es un resultado aún mejor que el del sistema optimizado del trader A.

Por supuesto, estos ejemplos son hipotéticos y la lucha por la rentabilidad siempre es más difícil en el trading real de lo que puede parecer aquí. Cuando digo que el trader B puede obtener ese resultado, solo sucederá si realmente mejora la calidad de sus operaciones. También será cuestión de encontrar las mejores entradas posibles sabiendo que siempre habrá operaciones perdedoras. Cuando contemples una nueva estrategia comercial como el trading en rango, siempre debes realizar los cálculos con un panorama realista de la cantidad de operaciones ganadoras Y perdedoras.

8. Preguntas sobre la Gestión de Trading

A. ¿Deberías cerrar tu posición antes del fin de semana?

Si el trader ha identificado eficientemente el punto de entrada, el punto de salida (objetivo) y el stop loss, queda el interrogante: ¿cómo "gestionar" una operación en la que no se ha alcanzado ni el objetivo de precio ni el stop? Esta pregunta surge especialmente antes del fin de semana (elecciones) y antes de sucesos importantes en el mercado (decisiones de tasas de interés de los bancos centrales).

Si prefieres no operar durante el fin de semana, definitivamente recomiendo cerrar todas las operaciones actuales, ya sean ganadoras o perdedoras. En cuanto a las decisiones sobre la tasa de interés de los bancos centrales, estas pueden ser muy volátiles a corto plazo, pero es común que no terminen siendo tan dramáticas como uno esperaría y el mercado retome su senda inicial con el pasar de los días. Aquí te recomiendo mantenerte en el mercado, especialmente si operas en temporalidades más grandes, como el gráfico horario o incluso el de cuatro horas o el diario. No te dejes influenciar demasiado por estos eventos. A veces el resultado será ventajoso para ti, y a veces no. Lo más importante en este caso es la consistencia de tus decisiones de negociación y cuán efectiva es tu gestión del riesgo.

Los traders del mercado Forex corren el riesgo los fines de semana de ser sorprendidos por una brecha que supera el stop el lunes o el domingo por la noche. También puede suceder lo contrario: una brecha el lunes que supera con creces el precio objetivo.

En mi experiencia, los mercados equilibran las ganancias y pérdidas en tales eventos a largo plazo. Es por eso que debes abordar el asunto con calma. Solo aquellos traders que operan con demasiado apalancamiento deberían temer a las brechas en los mercados (operadores con posiciones demasiado grandes). Estos traders no deberían operar en el mercado de valores. Cuanto más rápido los saca el mercado, más corto es el dolor.

B. ¿Deberías Usar Stops de Arrastre en el Trading en Rango?

Un stop de arrastre es una herramienta maravillosa que los traders pueden usar para maximizar los beneficios. Esto es especialmente importante cuando el trader ya tiene una posición con un buen margen de ganancia y quiere exprimir los últimos tics o pips de la operación. Aquí un stop de arrastre sin duda puede ser muy útil.

Sin embargo, si estás haciendo trading en rango el precio objetivo es limitado, y las cosas más extrañas pueden suceder dentro de él. Esta una situación de mercado completamente distinta a tener una posición en una tendencia duradera que se está extinguiendo y de la cual queremos sacar los últimos puntos.

Es por eso que aconsejo no utilizar un stop de arrastre en rangos u operando canales. Como regla general, no podrás optimizar tus beneficios. Los stops de arrastre se usan para sacarte de la operación antes de que tu posición alcance el objetivo.

En el trading en rango, confío en el soporte y la resistencia. A veces hay exageraciones cortas (valores atípicos) que surgen en una dirección u otra. Si luego tienes un take profit en el otro límite del rango, puede que termines saliendo del mercado más rápido de lo que esperabas. Estos son los pequeños obsequios para los traders en rango, ¡y tienen un sabor muy dulce!

C. ¿Qué Debes Hacer si la Operación no va "a Ningún Lado"?

Esta situación ocurre bastante a menudo. Tienes una posición que se encuentra en el medio del rango (y es rentable), pero el mercado apenas se ha movido durante horas (o días). Cuando se acerca el fin de semana, puedes cerrar la operación.

Si te sientes inseguro, siempre recomiendo cerrar, o al menos reducir la posición. Por ejemplo, si tiene dos contratos, puedes cerrar uno y esperar a que el escenario deseado se desarrolle para el segundo contrato. Si esto aún no sucede después de un cierto tiempo, lo mejor es cerrar también el segundo contrato.

D. ¿Debo Mover el Stop Más Cerca del Mercado?

Personalmente sería muy cuidadoso en esta situación. Como lo he dicho, dentro del rango ocurren cosas extrañas. Puedes ver que, por ejemplo, una posición larga casi ha alcanzado el objetivo de precio (la línea de resistencia), y de repente el precio regresa al soporte como si tuviera que tomar otro impulso para finalmente alcanzar el límite superior del rango. Este escenario ocurre con bastante frecuencia.

Por esta razón, en el trading en rango nunca colocaría el stop dentro del rango.

Puedes colocar el stop ligeramente más cerca del nivel de entrada para minimizar el riesgo si la posición está cerca al objetivo. Sin embargo, soy bastante cauteloso y no creo que estas medidas tengan una influencia positiva en tus resultados (desde el punto de vista de cientos o miles de operaciones).

Más importante para mí es que aprendas a confiar en tu sistema. Esto definitivamente tendrá un impacto positivo en tus resultados a mediano plazo. Cuando un trader confía en su sistema, también toma posiciones que muchos de sus competidores jamás tomarían (las cuales son a menudo las más rentables). Además, es esto lo que distingue a un profesional de un aficionado. Un profesional ve una señal y toma la posición, sin ningún tipo de dudas y peros, precisamente porque conoce su sistema e insiste en su ventaja estadística.

Por el contrario, quien manipula demasiado su stop le está diciendo a su subconsciente: "no confío en esta posición y no confío en mi trading."

En un plazo más largo (de mil operaciones hacia arriba), esto apenas influye. A veces puedes tener una pérdida menor al acercar el stop cuando la operación va en tu contra, pero eventualmente esta alcanzará el objetivo de todos modos.

Por el contrario, es la calidad de las operaciones realizadas y su ejecución consistente las que optimizarán los resultados. Una RRR de al menos 1: 2 eventualmente beneficiará al trader, siempre que la tasa de aciertos sea superior al 33.33%.

Sin embargo, estas son tasas de aciertos muy pesimistas. En el trading en rango las tasas de aciertos realistas tienden a estar entre 50-60%. Incluso con una tasa de aciertos exigua de 40 o 45% el trading en rango puede ser muy rentable, si el trader no manipula demasiado su RRR. En otras palabras, si permite que el mercado decida si el precio alcanza la orden take profit o el stop.

9. Ejemplos de Mercados en Rango

A. Operando rangos en el mercado de divisas

Figura 14: EUR/JPY, Gráfico horario, 6 de junio – 16 de junio de 2017

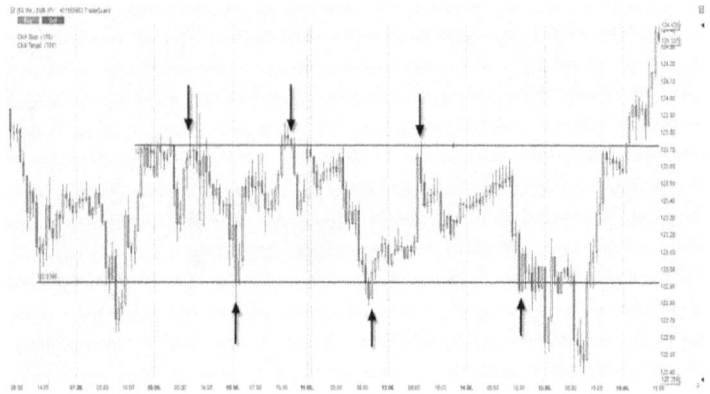

Un rango de negociación no siempre es fácil de identificar. Es importante, como ya se ha dicho, que haya al menos dos toques con cada extremo. Solo entonces podemos hablar de un rango como en el ejemplo anterior en el gráfico horario del EUR/JPY. Es solo cuando el trader ha identificado el rango que puede determinar las señales de trading (flechas en el gráfico) que se relacionan con él.

En el ejemplo anterior del EUR/JPY se presentaron seis señales de trading: tres señales cortas (flechas en la parte superior) y tres señales largas (flechas en la parte inferior). El rango se estableció entre 123.71 y 122.91, es decir una fluctuación de 80 pips. Esto es suficiente para que una gestión de riesgo razonable sea posible. Si el trader elige una RRR de 1: 2, colocará el stop a 40 pips del precio de entrada.

Para que el trader pueda tomar los beneficios tan pronto como el mercado alcanza el objetivo de la operación, siempre recomiendo utilizar las llamadas **órdenes *bracket*** para el comercio de rango. Esta orden está diseñada para limitar la pérdida y recoger los beneficios al "poner entre paréntesis" la orden de apertura con una orden stop-loss y una orden take profit.

Esto tiene muchas ventajas. Por un lado, definimos el riesgo claramente. En la figura 14, este riesgo fue de 40 pips. El precio objetivo también está claro desde el principio: 80 pips. El trader por lo tanto sabe que negociara este rango de manera rentable si obtiene una tasa de aciertos de más de 33.33%. En otras palabras, el 60% de las operaciones pueden terminar en pérdida y el resultado aún sería ganancia, aunque una pequeña.

Estos pre-ajustes claros e inequívocos son invaluables si deseas crear un negocio viable a largo plazo. Los buenos traders siempre trabajan con parámetros claros que puedan describir con precisión en cualquier momento. Esta es también la razón por la que soy fanático del trading en rango: aquí soy el maestro del juego.

Además, no es necesario que cuides tus operaciones como a un niño, al menos mientras trabajes en temporalidades de una hora o más. La mayoría de estas operaciones tomarán entre varias horas y unos días hasta que alcancen su precio objetivo. Es por eso que propongo observar las seis operaciones en el EUR/JPY en la figura 14 más de cerca:

- **Operación 1:** Corta 123.71: el mercado estuvo cerca del stop, pero no lo alcanzó. El mercado sí alcanzó la orden take profit al día siguiente.

- **Operación 2:** Larga 122.91: la posición nunca experimentó problemas. El mercado alcanzó la orden take profit en la tarde de ese día.

- **Operación 3:** Corta 123.71: El mercado alcanzó la orden take profit en la tarde del día siguiente.

- **Operación 4:** Larga 122.91: El mercado alcanzó la orden take profit al día siguiente.

- **Operación 5:** Corta 123.91: El mercado alcanzó la orden take profit después de dos días.

- **Operación 6:** Larga 122.91: El mercado cerró la operación al día siguiente con una pérdida de 40 pips.

El resultado de estas 6 operaciones:

5 operaciones ganadoras x 80 pips = 400 pips

1 operación perdedora x 40 pips =   40 pips

Total neto: 360 pips

Es interesante notar que la operación perdedora ocurrió por una falsa ruptura antes del rompimiento real. Cualquier trader que haya reconocido este engaño podría haberlo negociado, pero este movimiento pertenece a un nivel algo más avanzado de trading y me gustaría tratarlo más adelante.

Es importante que primero puedas reconocer las ventajas de la estrategia de trading en rango. No es una estrategia espectacular, pero puede ser muy exitosa si la ejecutas de manera consistente.

Ahora, como trader en rango no siempre lograrás tan buenos resultados como las seis operaciones anteriores. Por ejemplo, todas las operaciones ganadoras alcanzaron el objetivo de precio, pero no siempre será así. El trader pudo explotar el potencial máximo en este ejemplo, pero si una o dos de sus operaciones no alcanzaban el objetivo de precio (o alcanzaban solo la mitad), está claro que los resultados serían menos glamorosos.

Además, de las seis operaciones solo una terminó en pérdida. Esto corresponde a una tasa de aciertos de 83.33%, que es por supuesto excelente, pero que no siempre se podrá lograr. La buena noticia es que para construir un negocio rentable con el trading en rango incluso tasas de 50% suelen ser suficientes.

La base de este negocio es:

1. La observación de un grupo de mercados negociables

2. Una configuración clara basada en el soporte y la resistencia

3. Una RRR realista

El trader puede ejecutar un negocio rentable sin un monitoreo permanente de sus posiciones. Un tiempo de trabajo de una a dos horas al día debería ser suficiente.

Figura 15: GBP/JPY, gráfico de 2 horas, febrero 26 – marzo 23 de 2017

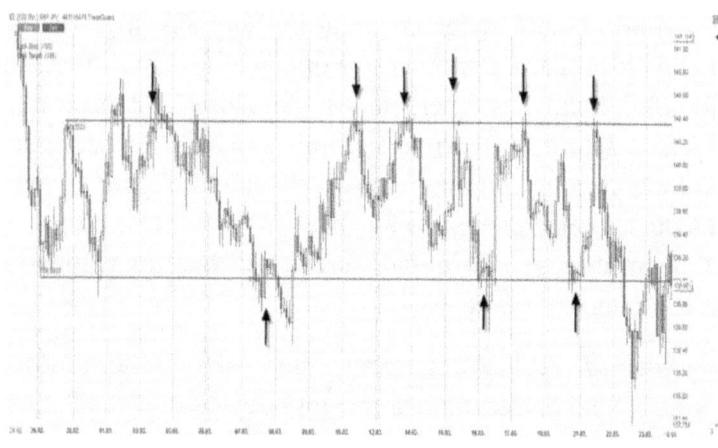

Otro rango que logré identificar en el par GBP/JPY generó nueve señales, seis cortas y tres largas. El límite superior del rango fue 140.35 y el límite inferior 139.00. El margen de fluctuación de este rango fue de 135 pips, una cifra habitual en este par.

Si el trader trabaja con la misma RRR que en el EUR/JPY, su objetivo de precio es de 135 pips y su riesgo de 67 pips. Curiosamente, no hubo operaciones perdedoras en este ejemplo. Hubo algunas falsas rupturas inicialmente contrarias a la posición, pero incluso la primera posición larga (primera flecha inferior), que había estado en pérdida durante dos días, finalmente alcanzó su objetivo.

Sin embargo, dos operaciones cortas no alcanzaron el objetivo (segunda y tercera flechas superiores) y regresaron a la línea de resistencia sin causar pérdidas. Por eso considero estas posiciones como intercambios en equilibrio. Resultado = cero.

A pesar de este inconveniente, siete operaciones alcanzaron el precio objetivo de 135 pips. ¡Estos son 935 pips en cuatro semanas!

Figura 16: USD/CHF, gráfico horario, 22 de enero – 31 de enero de 2017

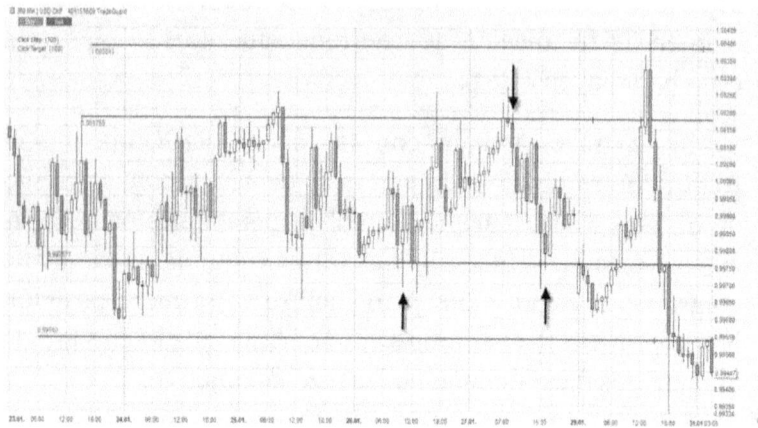

Identifiqué un rango modesto a fines de enero de 2017 en el par USD/CHF. El límite superior fue 1.0018 y el límite inferior 0.9972. En otras palabras, el par en este período operó con la paridad de la divisa (1,000). Los rangos en estos niveles psicológicos ocurren muy a menudo. Aquí, el rango demuestra que los lotes cambiaron de propietarios de muy buena gana. Para el trader astuto hay varias oportunidades de recolectar algunos pips a la sombra de los grandes jugadores.

En total, hubo tres señales válidas (flechas) durante este período de 9 días, de las cuales todas fueron rentables. El rango tenía solo 44 pips de ancho, lo que significa que el stop estaba a 21 pips de la entrada. Las dos líneas rojas arriba y abajo indican las ubicaciones de los stops, los cuales nunca fueron alcanzados por el mercado.

Después de comprar la segunda señal larga (flecha en la parte inferior derecha), el par abrió después del fin de semana con una pequeña brecha, pero la posición nunca estuvo en peligro. Unas horas más tarde, el mercado alcanzó la orden take profit.

B. Análisis más Profundo de un Período Lateral en el E-Mini

Figura 17: E-mini, gráfico heikin ashi de 4 horas, 22 de mayo – 11 de julio de 2017

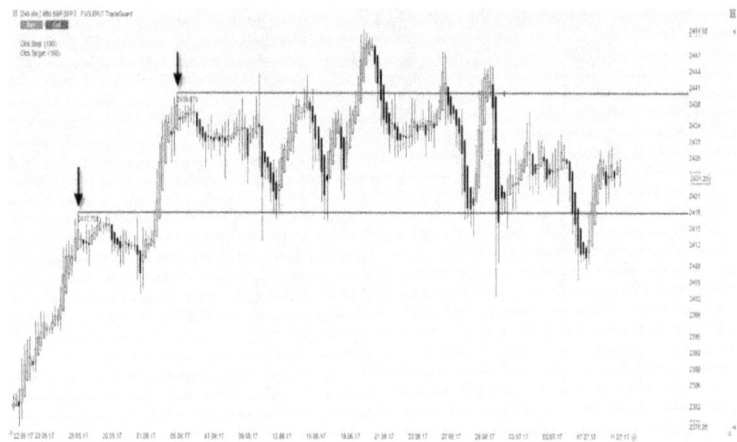

Me gustaría examinar más de cerca la fase lateral que el índice estadounidense S&P500 experimentó entre finales de mayo y finales de julio de 2017. Las dos flechas, que marcaron dos altos significativos en el rally previo (izquierda en la tabla), después demostraron ser los dos límites del rango. Fue entonces relativamente fácil de negociar. Veamos este período en detalle.

Figura 18: E-mini, gráfico heikin ashi horario, 12 de junio – 23 de junio de 2017

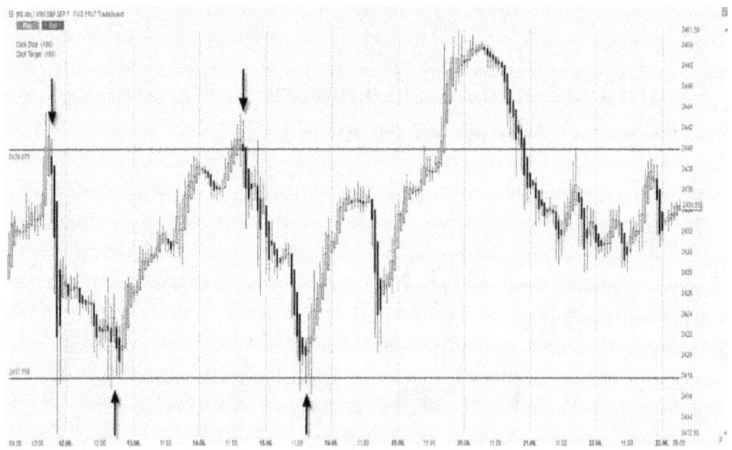

Las flechas en el gráfico horario muestran nuevamente las señales negociables. Hubo dos claras señales cortas (flechas en la parte superior), y ambas alcanzaron su objetivo (línea inferior en el rango). Las dos señales largas también fueron rentables. La segunda señal (flecha derecha en la parte inferior) no alcanzó el precio objetivo inicialmente, pero la operación nunca estuvo realmente en peligro.

Podrías argumentar que no interpreté el primer toque con el soporte (extremo izquierdo en el gráfico) como una señal, pero sucedió tan rápido que apenas hubo oportunidad para que un swing trader lo negociara.

Después de que la segunda señal larga alcanzó el precio objetivo, el mercado rompió el límite superior, por lo que era factible esperar una ruptura exitosa. En estas circunstancias, el trader no debería ir corto. No fue sino hasta el día siguiente que el mercado regresó al rango.

Figura 19: E-mini, gráfico horario heikin ashi, 23 de junio – 7 de julio de 2017

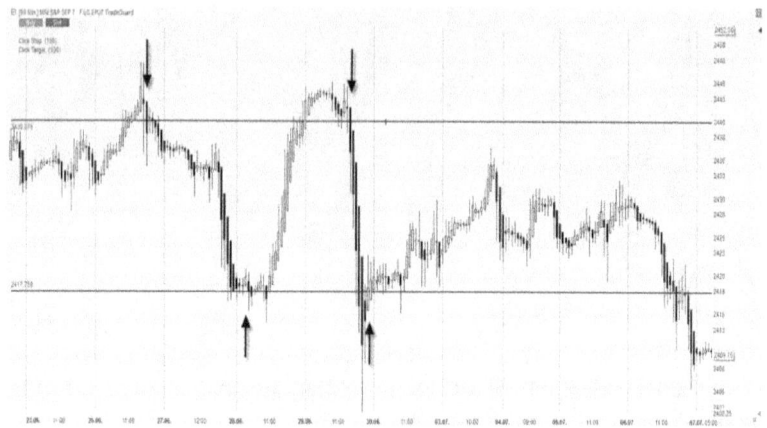

En la siguiente sección del mismo período hubo cuatro señales, dos largas y dos cortas. Las primeras tres alcanzaron el objetivo fácilmente.

En la primera señal corta (flecha en la esquina superior izquierda), el mercado rompió la línea de resistencia en el corto plazo, pero luego formó un trompo y luego regresó nuevamente al rango.

Un escenario similar se produjo con la segunda señal corta. Aquí el mercado exigió algo de paciencia al trader, pero finalmente también un trompo señaló que los compradores no tenían la fuerza necesaria para mantener el mercado por encima de la resistencia.

La primera señal larga (flecha en la parte inferior izquierda) se produjo después de que el mercado tocó el fondo del rango. Aquí aparecieron dos dojis que causaron la señal larga. Sin embargo, varias horas pasaron antes de que el E-Mini volviera a subir. De hecho, la línea de soporte fue mínimamente probada por el movimiento. Cualquiera que haya colocado el stop demasiado cerca del precio probablemente fue sacado del mercado. Este es un clásico ejemplo de una falsa ruptura, la cual discutiré cuando hablemos sobre el ajuste del stop y la minimización del riesgo.

El mercado alcanzó a romper el soporte en la segunda señal larga. Un trader debe observar este tipo de exageraciones y luego comprar en el soporte en las horas posteriores. Algunos dojis y trompos ofrecieron muchas oportunidades para hacerlo. Siempre que las velas heikin ashi estén en negro (o rojo), no hay razón alguna para que yo compre. Solo cuando observa algunas señales de debilitamiento de la tendencia a la baja y el mercado regresa al rango el trader puede considerar una posición larga.

Espero que puedas ver que este método no se trata de estar apurado. Si pierdo una señal, sé que la próxima señal tarde o temprano llegará. Realmente es muy importante llevar a cabo este tipo de trading con cuidado y actuar solo cuando haya una señal clara.

La segunda señal de compra (flecha en la parte inferior derecha) no llegó a ningún lado. No hubo pérdidas, pero si un mercado como este se lateraliza sin siquiera alcanzar el otro lado del rango, en mi experiencia es mejor cerrar la posición gradualmente o escalar la posición fuera del mercado.

El trader puede hacer un escalado de salida de la siguiente manera. Digamos que el trader compra tres contratos E-mini. Después de que el mercado sube tras dos días de negociación pero luego retrocede nuevamente, el trader vende el primer contrato (con un pequeño beneficio). Al día siguiente, el mercado se mueve hacia los lados sin tocar el límite superior (el objetivo). Aquí, puede vender el segundo contrato y establecer el stop-loss en cero. Si has estado en el mercado durante tres días sin alcanzar el objetivo de precio, debes recurrir a la gestión del riesgo. Con el último contrato, el trader ahora tiene la opción de esperar a que el mercado alcance el stop en cero o mover el stop incluso más cerca del mercado.

Personalmente prefiero la segunda opción, no porque desconfíe de mi método (el objetivo podría ser alcanzado de todos modos), sino por la experiencia, la cual me dice que cuanto más tiempo tome una operación, es menos probable que el objetivo de precio sea alcanzado. Usualmente sucede lo contrario, como lo demuestra este ejemplo.

Sin embargo, hay una razón más importante por la que deberías considerar el escalado de salida en estos casos. Nada desespera más a un trader que un mercado que no va a ninguna parte. Por supuesto, siempre existe la "posibilidad" de que la operación finalmente llegue a buen puerto, pero esta será cada vez más pequeña. Es por eso que es mejor cerrar la posición y probar algo nuevo.

Experimentarás mercados que te darán un "pequeño" beneficio sin alcanzar el objetivo de precio. Como puedes ver claramente, cerrar la posición fue la mejor opción, ya que unos días después el mercado cayó por debajo de la línea de soporte.

C. Análisis más Profundo de un Período Lateral en el FDAX

Figura 20: FDAX, gráfico de barras de 4 horas, 24 de marzo – 2 de agosto de 2017

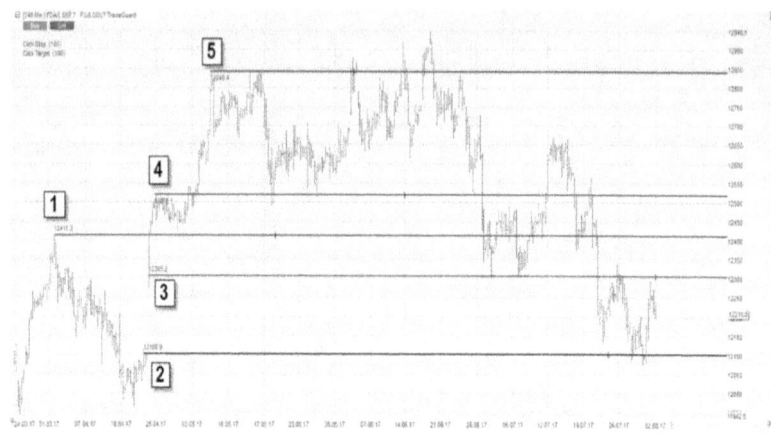

Si miramos este cuadro general (gráfico de 4 horas) de los futuros del DAX, vale la pena mencionar algunos niveles psicológicos. En el lado izquierdo del gráfico, he marcado cinco puntos que representan cinco niveles de precio que jugaron un papel importante en las semanas y meses siguientes y que seguían teniendo vigencia en el momento de la captura de pantalla (2 de agosto de 2017).

1. El primer nivel de precios muestra un pico significativo en 12,413 puntos el 3 de abril de 2017, del cual se desprendió una ola descendente. Más tarde, en julio, se convirtió en soporte de un rango.

2. El segundo nivel de precios muestra el precio de cierre del viernes 21 de abril de 2017, en 12.099 puntos. Era el viernes antes de la primera ronda en las elecciones francesas de 2017. Después de que el candidato Emmanuel Macron venciera en las elecciones del domingo 23 de abril, el FDAX abrió el lunes con una brecha alcista (brecha Macron) de 185 puntos. En el transcurso del día, el FDAX subió continuamente, y el precio de cierre de este día fue exactamente el máximo en el Nivel 1.

3. El tercer nivel de precios muestra el precio de apertura después de la elección (y la brecha Macron), en 12.305 puntos. Más adelante en julio, este nivel también fue el soporte de un rango y la resistencia de otro posterior a fines de julio.

4. El cuarto nivel de precios marca el primer pico del "rally Macron" el 25 de abril, en 12,518 puntos. Sirvió como resistencia del rango del 1 de julio.

5. El quinto nivel de precios marca el máximo preliminar del "Rally Macron", que comenzó el 24 de abril. Este máximo se produjo el 5 de mayo, en 12.841 puntos y el mercado aún no lo había sobrepasado en el momento de la captura de pantalla (agosto 2, 2017).

Estos cinco "eventos" habrán determinado el campo de juego para el FDAX en las semanas subsiguientes. Reconocimos la brecha del 24 de abril en el análisis técnico como una "brecha de continuación", o *runaway gap*. Esta brecha denota que los compradores son tan dominantes, que sorprenden a los vendedores e impulsan el mercado sin mirar atrás.

El "Rally Macron" representó 700 puntos en el FDAX, sin embargo, era difícil de negociar, ya que el trader habría tenido que abrir una posición larga el viernes antes de las elecciones. Esto significa haber especulado que Macron realmente ganaría la primera vuelta y que el mercado respondería positivamente. Los pronósticos anticiparon este escenario antes del día de las elecciones, sin embargo, ¿qué habría pasado si el Sr. Macron no hubiese ganado? ¿O si su oponente Le Pen hubiese obtenido un resultado favorable, lo que le habría dado una perspectiva realista para ganar la segunda ronda? En este escenario, ¿se habría abierto el FDAX con una brecha de 185 puntos por debajo? Un stop no habría ayudado. El trader simplemente habría tenido que soportar una gran pérdida en ese caso.

Esta es también una de mis críticas a la negociación de tendencias. En este caso, el seguidor de tendencias debe trabajar con stops alejados del precio actual. En otras palabras, para negociar el rally de Macron de 700 puntos, el trader habría tenido que colocar el stop a una distancia mínima de 200 puntos, de lo contrario correría el riesgo de ser expulsado del mercado por un movimiento exagerado. Ahora, las RRR de 2: 7 siguen siendo muy buenas, pero muy pocos traders podrían trabajar con ellas en un futuro como el DAX. La mayoría de ellos necesitarían instrumentos financieros con un apalancamiento menor, como un ETF.

En otras palabras: negociar este tipo de tendencias es bastante factible, pero el trader debería al menos hacerlo con el gráfico de 4 horas o, incluso mejor, con un gráfico diario. A este método lo llamo swing trading. En mi serie de tres libros "Swing Trading con el Gráfico de 4 Horas" explico muy bien esta modalidad de negociación.

Aquellos traders que se habían perdido el rally Macron (la mayoría de ellos), ahora tenían otro problema: entrar en un ambiente de mercado en plena "digestión" del rally.

Después de que el FDAX alcanzó el primer máximo de 12,842 puntos el 5 de mayo, se mantuvo durante semanas en un rango con un margen de fluctuación de entre 200 y 250 puntos. El rally de Macron fue por lo tanto una vez más la excepción, mientras que el rango que siguió fue la regla.

El FDAX intentó reconquistar el máximo del 5 de mayo varias veces, pero esto sucedió solo en el corto plazo, como lo demuestran claramente las falsas rupturas en la línea de resistencia. Por lo tanto, si el trader de tendencias esperaba que el mercado continuase con el rally de Macron al negociar las rupturas, habría tenido que cerrar sus posiciones después de unas horas con pérdida. Vemos que el FDAX retrocedió 200 puntos después de cada intento de ruptura, confirmando y fortaleciendo el rango.

En general, hubo más de 10 intentos por romper la resistencia superior de 12,842 puntos. De hecho, el FDAX aún no lo había logrado en el momento de la captura de pantalla. Dado que se requieren al menos dos toques para que el rango pueda ser identificado como tal, los dos primeros no representan señales para el trader en rango. Solo a partir del tercer toque el trader pudo haber abierto una posición corta con objetivo en soporte. Hubo ocho de ellos, siete de los cuales obtuvieron beneficios. Sin embargo, la ruptura del 19 de junio fue exitosa, incluso si el mercado regresó al rango al día siguiente.

El rango duró dos meses, mientras que el "Rally Macron" solo tuvo nueve días de negociación. Esto ilustra el hecho de que los movimientos en tendencia generalmente toman poco tiempo, mientras que en la mayoría de los casos los mercados experimentan rangos. La pregunta es, por supuesto, si como trader puedes sacar provecho de estas importantes tendencias, y si puedes entrar y salir del mercado en el momento justo.

Si puedes responder a esta pregunta con un "sí" definitivo, entonces te felicito: te recomiendo que te conviertas en un trader de tendencias. Si la respuesta es "no", te animo a cuestionar tu intención de negociar "tendencias" en los mercados.

Figura 21: FDAX, gráfico de 4 horas, 5 de mayo - 25 de mayo de 2017

En el ejemplo de la figura 21, las dos flechas muestran el momento en que el mercado confirmó el rango. A partir de ese momento el trader tenía claro su campo de negociación. El límite superior seguía siendo el máximo del 5 de mayo de 2017 (12.840), mientras que el límite inferior (línea horizontal roja en el centro), tuvo dos mínimos en el gráfico de 4 horas a un precio de 12,667. En otras palabras, el rango de cotización del FDAX tenía 174 puntos de ancho, lo suficiente para que un buen trader en rango obtenga señales rentables.

El mercado confirmó el rango con el siguiente toque (flecha superior) unas horas más tarde. Curiosamente, los compradores realmente no tocaron el nivel de resistencia (en 12,840) por dos puntos. La verdad es que algo así te puede dar información interesante del mercado. Los compradores parecen no tener el poder (y el dinero) para siquiera golpear la línea de resistencia, lo que apunta a una debilidad momentánea de su parte. De hecho, unas horas más tarde el mercado giró en la otra dirección. ¿Es esta información suficiente para una posición corta?

No para mi. Me gustaría obtener una confirmación en la línea de resistencia que muestre el "agotamiento" de los toros. Dado que el mercado no me la ofreció, no tomé la posición corta.

El DAX después se sumergió y rápidamente tocó el límite inferior del rango, en 12,666 (línea roja). ¿Debería tomar una posición de compra aquí como trader en rango? De nuevo, el simple toque con la línea de soporte no es razón suficiente para hacerlo. Me gustaría obtener otra confirmación del mercado de que el precio pronto despegaría en la otra dirección.

Como puedes ver claramente, esta confirmación no se produjo, y el DAX cayó incluso por debajo del límite inferior del rango. Si hubieses apostado por una subida del precio, los osos te habrían comido vivo. Sin embargo, El FDAX no se movió de manera arbitraria, ya que prácticamente tocó el primer pico del rally Macron, en 12,518 (línea azul horizontal inferior). En realidad, cayó algunos puntos por debajo del número redondo 12,500. Sin embargo, podemos ver claramente que en ese punto el mercado regresó.

Figura 22: FDAX, gráfico horario heikin ashi, mayo 17 - junio 1 de 2017

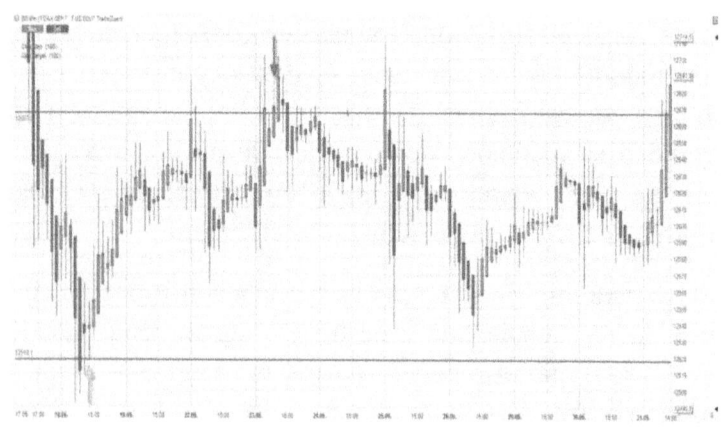

Nos acercamos un poco más a la acción y ahora observamos el gráfico horario por un período de aproximadamente dos semanas, en el cual el FDAX permaneció por debajo de la línea central roja (arriba).

Después de deslizarse hacia la línea azul inferior (el primer máximo del rally Macron) en 12.518, el mercado regresó y formó un trompo en el gráfico horario que marca un equilibrio entre compradores y vendedores. Aquí podríamos haber tomado una posición larga (flecha verde abajo) con un precio objetivo de 12,666 (la línea central roja). El DAX alcanzó este objetivo.

Hubo tres toques con la línea de resistencia roja, pero de las tres señales cortas solo una (flecha roja superior) fue ejecutada. Lamentablemente, esta posición no alcanzó el precio objetivo y el trader tuvo que salir del mercado con una pequeña pérdida.

Después de eso, el FDAX se mantuvo dentro del rango de negociación y solo produjo una breve señal, sin ejecución.

Figura 23: FDAX, gráfico horario, 1 de junio – 22 de junio de 2017

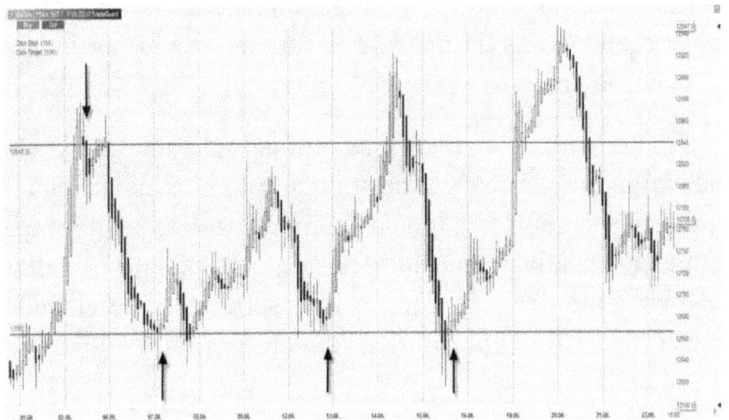

Después de que el FDAX recuperó la línea central roja el 1 de junio de 2017, obtuvimos nuevamente algunas señales negociables. Una señal corta llegó el 2 de junio (flecha izquierda superior) después de que el FDAX había alcanzado el máximo del rally Macron en 12.840. Después de que el mercado sobrepasó este pico, produjo un trompo que activó la señal corta en ese momento. El trader podría operar en corto en el límite superior del rango sin olvidar que el mercado podría reanudar el rally de Macron en cualquier momento.

Las mejores oportunidades estaban claramente del lado largo. Obtuvimos tres señales de compra (tres flechas en la parte inferior), todas rentables. Solo la primera señal (flecha inferior izquierda) no alcanzó el objetivo (línea azul). Las otras dos incluso lo superaron.

Debemos considerar las dos rupturas por encima del límite superior como exitosas, incluso si terminaron siendo falsas. El trader no podía saber esto en el momento de la ruptura. Por lo tanto, siempre es mejor esperar una señal clara de debilidad en el límite superior. Esto no ocurrió en las primeras horas después de la ruptura, razón por la cual no operaría en corto aquí.

En general, un análisis más profundo de una fase lateral más larga en el FDAX muestra que esto puede dar lugar a una serie de señales negociables interesantes, siempre que el trader tenga la paciencia necesaria para esperar por ellas. Lo realmente decisivo aquí es, por supuesto, que el trader pueda "mirar hacia la izquierda del gráfico".

10. Estrategias Avanzadas

A. Límites oportunistas

Si has dominado la estrategia básica del trading en rango, tal vez un día llegue el momento de pensar en estrategias más avanzadas. Aunque la estrategia básica puede ser muy rentable – si es aplicada correctamente –, tiene sentido tratar con métodos que quizás no hayas conocido desde el principio.

Uno de estos métodos es el uso de los llamados "límites oportunistas". Un límite oportunista es una "ganga" en la cual el precio de ejecución está claramente por debajo del último precio negociado. En el caso de una posición corta, el precio de ejecución está claramente por encima del último precio negociado.

Aquellos traders a quienes les gusta trabajar con este tipo de órdenes límite especulan sobre los valores atípicos de precios a corto plazo hacia abajo o hacia arriba. Los mercados generalmente regresan a la media nuevamente en poco tiempo. El típico caso es el flash crash ya mencionado, en el cual los vendedores barren repentinamente la cartera de pedidos del mercado y no hay compradores. El mercado generalmente se viene abajo en cuestión de minutos hasta que alcanza un nivel bajo en el cual los compradores lo recuperan nuevamente.

Este fue el caso en el S&P500 el 6 de mayo de 2010, en el cual el índice cayó 6% en solo 6 minutos. En el Dow Jones la caída fue incluso mayor a 9%, lo que llevó a una baja de casi 1000 puntos. Definitivamente un evento no antes visto. Algunas acciones perdieron más de 99% de su valor en el corto plazo.

Igualmente espectacular fue el flash crash del 7 de octubre de 2016 en la libra esterlina, la cual registró una caída de 10% frente al dólar estadounidense. Sin embargo, la libra pudo recuperarse rápidamente y reducir la pérdida a 1.5%.

Un evento similar se produjo en la moneda criptográfica Ethereum. El 21 de junio de 2017, el precio de este instrumento financiero cayó en unos minutos de $296 a $13 dólares para recuperarse por completo en los días siguientes.

Las razones de tales eventos extremos pueden ser diferentes. El hecho es que un mercado financiero se derrumba debido a una inminente escasez de compradores o un excedente de vendedores.

Como puedes imaginar, tales eventos son tan excepcionales y difíciles de predecir, que es casi imposible sacar provecho de ellos.

Pero la "caída" no siempre tiene que ser tan extrema. En todo mercado se producen ocasionales "deslices" hacia abajo o hacia arriba y, en mi opinión, hay un método para beneficiarse de ellos. Especialmente si el mercado está en una tendencia lateral.

En lugar de ser la víctima de tales deslices (la exageración del movimiento activa el stop del trader en rango y lo saca del mercado), el trader podría sacar provecho de la situación y especular sobre estos valores atípicos. En lugar de colocar una orden límite de compra en la línea de soporte (o una orden límite de venta en la línea de resistencia), puede esperar hasta que ocurra uno de estos deslices y colocar la orden límite de compra muy por debajo de la línea de soporte con la esperanza de que una corta ruptura ejecute la orden.

A este tipo de orden la llamo un "límite oportunista", porque el trader no está satisfecho con el precio actual y desea ingresar al mercado para obtener un mejor precio. El trader se convierte en "cazador de gangas", por así decirlo.

Nunca ha estado mal tratar de obtener un precio más barato por algo que realmente vale más. En muchos países, los comerciantes incluso consideran el regateo como una práctica aceptada.

Yo mismo pertenezco a este tipo de comerciante. Debido a mis múltiples viajes, siempre estoy buscando una rebaja en el precio de una habitación o un souvenir, ya que estos precios están generalmente inflados. Siempre pujo enérgicamente por el "precio de mercado".

Una vez logré obtener un hermoso apartamento con vista al mar en el centro de Larnaca (Chipre) por 400 euros por 4 semanas, después de haber recibido ocho cancelaciones de otros propietarios (o ninguna respuesta). Normalmente el apartamento costaba alrededor de 1200 euros. Cuando me registré, el simpático gerente del complejo de apartamentos me miró como diciendo "¿cómo te las arreglaste para conseguir semejante precio?" Su hija había aceptado mi oferta en línea, y cuando me dio la llave, literalmente pude sentir que apretaba los dientes: "una vez, ¡pero nunca más!".

La realidad es que ni siquiera la mitad de los apartamentos estaban alquilados en ese momento. Por lo tanto, tenía dos opciones: aferrarse a su negativa o tomar mis 400 euros. Su hija decidió tomar los 400 euros.

Este simple principio comercial es válido en todas las áreas de la vida. En los mercados financieros, sin embargo, a menudo tengo la impresión de que a los traders les gusta pagar los 1200 euros, e incluso un poco más. Podrían pensar: "bueno, si este es el precio que está en el catálogo, probablemente sea correcto…"

Desafortunadamente, esta mentalidad ingenua es un placer costoso. A menudo, estos traders ven como su stop es ejecutado exactamente al precio al que debieron haber colocado su límite oportunista. En resumen, los profesionales los han tomado por tontos.

Ahora, este tipo de negociación no siempre funciona, y el precio se puede mantener bien por encima de la línea de soporte. Bueno, entonces no ingresas al mercado. Es así de simple.

Algunos traders parecen tener un problema con estar por fuera del mercado. Quieren siempre tener una posición, cueste lo que cueste.

Mi sugerencia es ser un poco más tacaño y dejar pasar la oportunidad (una muy costosa) que comprar demasiado caro. Sé que no todos estarán de acuerdo, pero por lo general es lo más rentable. Como ejemplo, me gustaría mostrar algunas posiciones oportunistas en el EUR/USD.

Figura 24: EUR/USD, gráfico de 4 horas, 19 de mayo – 13 de junio de 2017

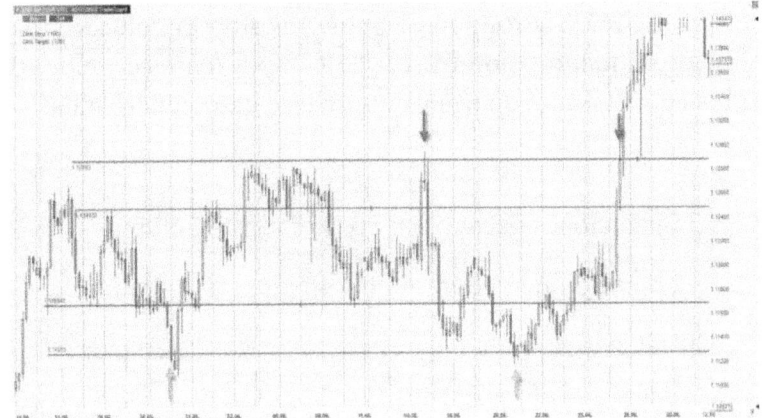

Es posible que no identifiques el rango de negociación a primera vista (las dos líneas azules internas). Estas líneas representaron un rango de 80 pips en el EUR/USD. Las dos líneas rojas son los niveles donde coloqué los "límites oportunistas". Normalmente selecciono la mitad del rango (en este caso, 40 pips) para estos límites. Este es el nivel donde la mayoría de deslices ocurren en los rangos, según mi experiencia.

Si hubiese negociado el método básico, el mercado me habría sacado con algunas pérdidas en este caso. El mercado ejecutó el límite oportunista cuatro veces; dos posiciones de compra (flechas verdes en la parte inferior) y dos posiciones cortas (flechas rojas en la parte superior).

Como hemos señalado en el método básico, el precio objetivo es el límite opuesto del rango. En el caso de una posición larga, el límite superior o la resistencia. Para una operación corta, apuntamos al límite inferior o soporte.

Esto ha funcionado muy bien en tres de los cuatro casos. Solo la segunda posición corta activó el stop porque el par EUR/USD rompió el límite. El stop lo coloco en la mitad del rango bajo el nivel de compra (en este caso, 40 pips bajo el límite oportunista). En este caso, tendríamos:

3 operaciones ganadoras: 3 x 120 pips = 360 pips

1 operación perdedora   1 x 40 pips   =   40 pips

Total neto: 320 pips

Figura 25: EUR/USD, gráfico de 4 horas, 19 de mayo – 13 de junio de 2017 (método básico)

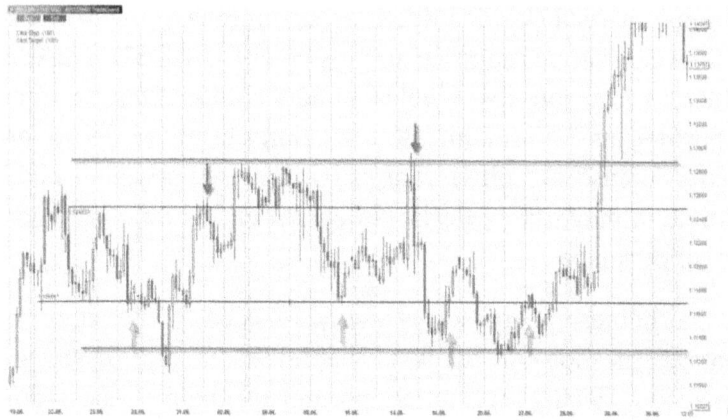

Si el trader hubiese actuado con el método básico, habría recibido seis señales de trading en lugar de cuatro. Cuatro señales largas y dos señales cortas. De las cuatro señales largas, dos tocaron el objetivo y dos tocaron el stop (línea inferior roja). Las dos señales cortas alcanzaron el objetivo de precio. Estos son los resultados:

4 operaciones ganadoras: 4 x 80 pips = 320 pips

2 operaciones perdedoras: 2 x 40 pips =   80 pips

Total neto: 240 pips

Estaría bastante satisfecho con este resultado. Sin embargo, habrías apostado por el método del límite oportunista, ya que los resultados son aún mejores. Además, el método oportunista solo necesitó de cuatro operaciones para lograr un resultado mucho mejor, y la RRR también es superior: 1: 3.

La desventaja del método oportunista es, por supuesto, que el trader no siempre obtendrá una posición. La pregunta es si esto es realmente una desventaja, si ocasionalmente te evita perder operaciones.

También puedo imaginar que podría confundir a algunos lectores con esta "alternativa oportunista". La pregunta bien podría surgir: ¿cuál es mejor ahora? ¿El método básico o el método oportunista?

Creo que la respuesta es casi filosófica. ¿Qué tipo de filosofía de trading prefieres? ¿Una filosofía que acepte el precio actual e insista en que el stop, la RRR y la tasa de aciertos harán el trabajo duro por ti?

¿O prefieres la "filosofía Scrooge", en la cual el mercado ocasionalmente te da un descuento? Los traders tipo "Scrooge" deben ser, por supuesto, muy pacientes, ya que puede tomar mucho tiempo antes de que el descuento ocurra (si es que ocurre del todo).

Sería posible combinar ambos métodos. En este caso, el trader negociaría el soporte y la resistencia normalmente, pero al mismo tiempo colocaría un límite oportunista adicional en caso de que el mercado ocasionalmente sufra un pequeño desliz.

La combinación de ambos métodos naturalmente conduce a más operaciones. Si comienzas con el método básico, ocasionalmente obtendrás una segunda oportunidad gracias al límite oportunista.

B. Falsas Rupturas

El *fakeout*, o la falsa ruptura, es una variante del límite oportunista, aunque aquí hay un componente adicional. Un fakeout no es más que una maniobra de engaño que algunos participantes realizan en un mercado. Son bastante frecuentes en los mercados en rango, ya que la liquidez es más baja de lo habitual. Por eso es relativamente fácil para un jugador llevar a cabo un fakeout en un mercado mediano. Un ejemplo puede ilustrar este fenómeno.

Figura 26: GBP/USD, gráfico horario, 20 de abril – 23 de abril de 2017

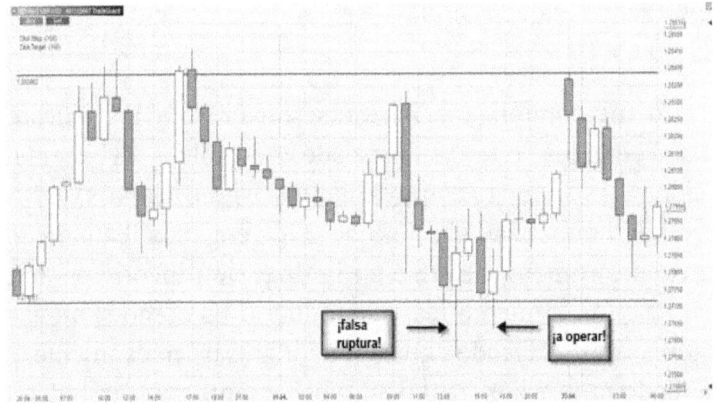

El 21 de abril de 2017, el mercado cayó por debajo del rango (fakeout) para regresar a él dentro de la misma hora. Esto estaba sucediendo con bastante frecuencia y podría ser una gran oportunidad para un trader en rango astuto. Sin embargo, no se trata de negociar el fakeout como tal. Cuando este ocurre, el trader puede colocar una orden límite de compra en la línea de soporte. La probabilidad de que el mercado ejecute la orden suele ser alta.

Sin embargo, el trader podría intentar colocar la orden límite ligeramente más abajo, por ejemplo, a la mitad de la altura de la vela falsa. Con frecuencia, las velas falsas no aparecen individualmente, y a menudo puedes observar más actividad a su alrededor, como en el ejemplo del GBP/USD. En este caso, dos horas más tarde, se produjo otra vela falsa más pequeña que ejecutó la orden de espera ligeramente por debajo de la línea de soporte.

Si el trader puede lograr esto con éxito, por lo general obtiene un precio de entrada muy favorable en el mercado. El mercado ejecutó la orden take profit solo después del fin de semana, es decir, en la apertura de la tarde del domingo (23.00 CET).

En mi opinión, los fakeouts son uno de los patrones más rentables en los mercados actuales. A menudo encontrarás que los movimientos significativos en el mercado comienzan con uno de estos engaños. El mercado pareciera primero moverse en la dirección incorrecta antes de que el movimiento real se produzca. Es como si algunos actores del mercado quisieran ingresar nuevamente al mercado a precios realmente bajos antes de impulsarlo hacia arriba (o hacia abajo en las tendencias a la baja).

Si estás interesado en este patrón, te recomiendo la segunda parte de mi serie "Swing Trading con el Gráfico de 4 Horas". En este volumen "Negocia lo Falso", entro en detalle acerca de las falsas rupturas y te muestro detenidamente cómo desarrollar una estrategia muy rentable basada totalmente en ellas.

11. Canales de Tendencia (Trading en Canal)

La comunidad de traders entiende el trading en rango generalmente como una variante del término más amplio "trading en canales". ¿Qué quiero decir con eso?

El trading en canales es el nombre de cualquier tipo de trading en el que dos líneas equidistantes tienen un rango de resistencia y un rango de soporte. Estas líneas equidistantes pueden ejecutarse horizontalmente – como hemos visto en el trading en rango – y también de manera ascendente o descendente. De esta forma ayudan al trader a identificar algún tipo de comportamiento de tendencia y, por lo tanto, hablamos de un canal de tendencia.

Muchas plataformas de negociación ya tienen herramientas para el diseño automático de canales de tendencia. Si puedes conectar mínimos significativos entre sí en una tendencia, la línea de resistencia es automáticamente equidistante. Por lo general, el operador necesita hacer algunos ajustes para identificar el canal.

Al estudiar los canales de tendencias te empiezas a dar cuenta de que son mucho más comunes de lo que esperarías. Además, los actores del mercado parecen adherirse al toque del canal, por lo que el trading en canales de tendencias debe ser una parte integral del repertorio de un trader en rango. Si bien los rangos horizontales son más fáciles de reconocer a primera vista y quizás más fáciles de negociar, no ocurren tan a menudo como los canales de tendencia.

Figura 27: AUD/USD, gráfico horario, 7 de febrero – 20 de febrero de 2017

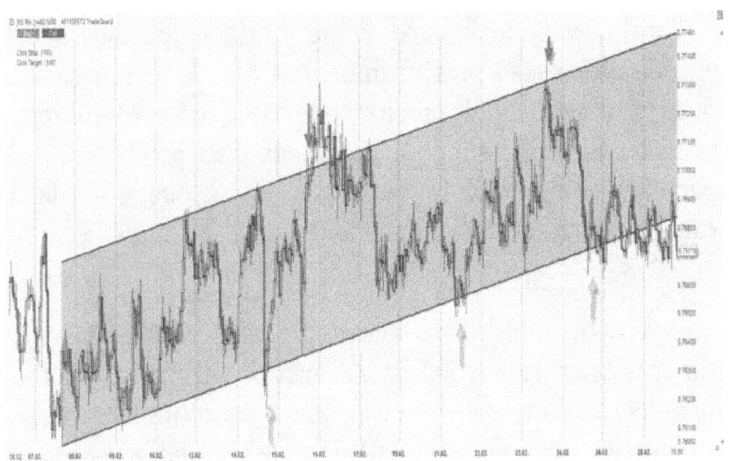

Descubrí un canal de tendencia en este gráfico horario del par AUD/USD, que podría no ser aparente a primera vista. Solo los altos más altos que formaban el fondo del canal marcaron una tendencia levemente ascendente en este mercado.

Operar canales de tendencia puede ser más difícil que operar rangos, ya que el precio objetivo no puede determinarse exactamente. El principio es similar al trading en rango: compra en la línea de soporte con el objetivo en la línea de resistencia y viceversa.

Si trazas líneas horizontales, encontrar el objetivo es fácil. Si las líneas son equidistantes pero ascendentes, el trader no puede saber en qué punto el mercado alcanzará el límite superior del canal. Puede estimarlo, pero este cálculo no es en absoluto seguro. El mercado puede tardar más en alcanzar el objetivo de precio. Esto significa que no puede trabajar con órdenes bracket, por lo que debe cerrar la operación manualmente.

Para evitar este inconveniente, el trader puede trabajar con una orden take profit "ambiciosa", en la que apunta un poco más arriba del precio en el que cree el mercado alcanzará el límite superior del canal. Tan pronto como la operación comience a moverse a su favor, puede ajustar la orden take profit de forma manual.

En el ejemplo de la Figura 27, hubo un total de cinco señales negociables, tres largas y dos cortas. Las dos primeras operaciones largas alcanzaron el precio objetivo, mientras que la tercera fue cancelada por el trader por falta de tendencia, con una pequeña pérdida o en tablas.

La primera posición corta terminó en pérdida, o alcanzó el precio objetivo, dependiendo del stop. En lo que respecta al stop, lo utilizo de la misma forma que en el rango: lo coloco al 50% del rango del canal. En este caso, el ancho de la fluctuación fue de 63 pips, por lo que coloco el stop a 32 pips sobre la entrada. La segunda posición corta alcanzó el precio objetivo.

Para que la configuración sea clara, me gustaría presentar una operación en el par USD/CAD:

Figura 28: USD/CAD, gráfico horario, 9 de octubre – 21 de diciembre de 2017

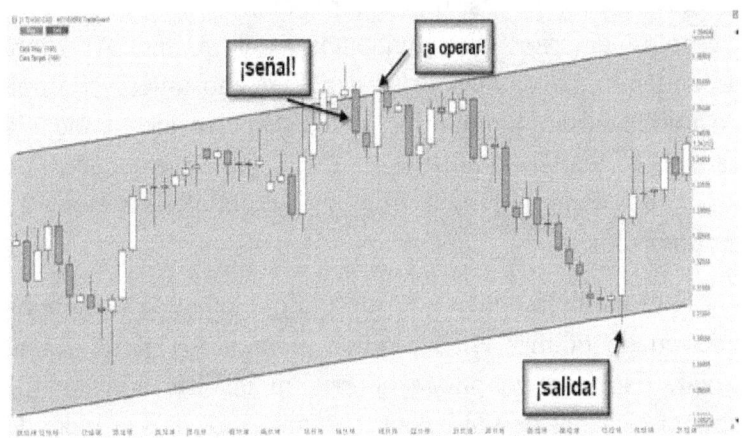

En el gráfico diario, el par alcanzó el límite superior del canal de tendencia el 11 de noviembre de 2016, cerrando por encima de él y permaneciendo allí durante los siguientes dos días de negociación. Sin embargo, la vela del segundo día formó un pin bar. Esta fue una primera indicación de que la "ruptura" sobre el canal probablemente fracasaría, lo que luego se confirmó con la vela roja al día siguiente (señal, flecha izquierda superior). Esta vela produjo la señal corta. Solo entonces el trader pudo colocar una orden límite de venta con la línea de soporte del canal como objetivo. La ejecución de esta orden no ocurrió el mismo día, sino al día siguiente, cuando el par nuevamente atacó el límite superior con una vela blanca (el 17 de noviembre de 2016).

El mercado alcanzó la orden take profit el 14 de diciembre de 2016 (flecha inferior). La operación fue de 450 pips.

¿Deberías negociar con la tendencia cuando se trata de canales de tendencia? La respuesta parece obvia: sí. Sin embargo, esta no es mi experiencia. Como muestra el ejemplo anterior, la tendencia del USD/CAD era ascendente, pero aún podrías ganar mucho dinero con una posición corta. Llamamos a los canales de tendencia canales de tendencia porque el precio se mantiene dentro de un canal. Esto significa que las posibilidades están en ambos lados.

Esto también aplica a la ruptura del canal de tendencia, que puede ocurrir en cualquier momento y pone fin al canal. Esta ruptura puede ocurrir en la dirección en que apunta el canal de tendencia, sin embargo, muy a menudo sucede lo contrario. Por eso no debes especular sobre esta o aquella salida, sino exactamente hacer esto: operar el canal y nada más.

Desde un punto de vista psicológico, esta es quizás la mayor ventaja de la negociación en rango y el trading de canales de tendencia: la entrada, el stop y el precio objetivo están claramente definidos.

Mi experiencia me dice que muchos principiantes pueden pasar meses, y en algunos casos años, averiguando dónde comprar (o vender), dónde colocar el stop y dónde cerrar el negocio y tomar los beneficios. Permítanme volver a enfatizar que tales preguntas son lo que son: preguntas para principiantes.

La ventaja del trading en rango es bastante clara: responde todas estas preguntas desde el principio, ya que es el mismo rango el que las responde.

12. Lo Realmente Importante

¿Qué tipo preguntas debe tener en cuenta un trader, si no son las (aparentemente) importantes: entrada, stop y salida? Mi respuesta es: todo trader con experiencia se ocupa de las preguntas realmente importantes, a saber:

1. ¿Cuál es el beneficio promedio de mis operaciones ganadoras?

2. ¿Cuál es la pérdida promedio de mis operaciones perdedoras?

3. ¿Qué tan alta (o baja) es la tasa de aciertos de mi sistema?

4. ¿Cuál es la relación de rentabilidad (la relación entre la ganancia promedio y la pérdida promedio?)

5. Finalmente, ¿cuánto beneficio puedo esperar de cada operación? ¿Cuál es la expectativa de mi sistema de trading?

He tratado extensamente estos cinco parámetros que determinan la rentabilidad de una estrategia de trading en la tercera parte de mi serie de scalping "¡El Scalping es Divertido!". En ese libro presento a una Jenny, una trader a quien acompañé durante más de 12 semanas. El libro se ocupa exclusivamente de las cinco preguntas mencionadas anteriormente.

Puedes ganar dinero en este negocio si la respuesta a la pregunta # 5 es positiva: ¿puede el trader esperar un resultado estadísticamente positivo por cada posición? No por cada posición, ¿sino en promedio? Las otras cuatro preguntas se relacionan con el nivel de esta expectativa.

Además, puedes optimizar tu sistema de trading para aumentar la rentabilidad. He tratado de mostrar cómo puedes hacerlo usando la estrategia de scalping de Jenny.

Con la estrategia de rango y canal, el trader tiene la gran ventaja de poder abordar las cinco preguntas importantes de la negociación. En otras palabras, existe la posibilidad de que la curva de aprendizaje de dicho trader pueda ir más rápido de lo que suele ser el caso.

Algunos lectores de mis libros puede preguntarse: ¿es la negociación en rango compatible con mi sistema de scalping Heikin Ashi? La respuesta es esta: ¡por supuesto que sí!

Prácticamente en ninguna parte el scalping heikin ashi contra tendencia funciona mejor que usando el principio de soporte y resistencia en un rango (o en un canal). Veamos esto con el ejemplo de junio de 2017 en el FDAX (figura 23).

Figura 28, FDAX, Gráfico horario, junio 1 – junio 22 de 2017

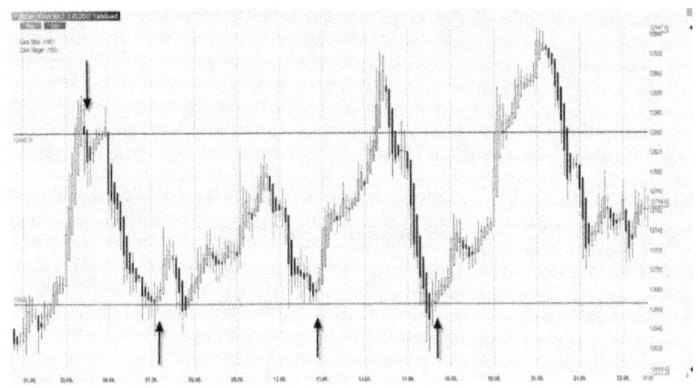

En este ejemplo, un trader en rango con velas heikin ashi obtuvo cuatro señales muy negociables (flechas en la tabla). Por supuesto, el mercado a veces va más allá del objetivo, como lo muestran las dos falsas rupturas sobre el límite superior del rango (derecha superior del gráfico). Sin embargo, solo un trader inteligente que trabaja con límites oportunistas podría tener una ventaja real aquí. Cualquiera que hubiese operado en corto dos veces tan pronto como el color de las velas heikin ashi cambió de verde a rojo habría obtenido un beneficio aún mayor que si solo hubiese operado el rango.

El uso de las velas heikin ashi puede darle un impulso extra a tu trading en rango. El trader obtiene una confirmación adicional con el cambio de color en la línea de soporte o en la línea de resistencia. Esto hace que la señal de trading sea más clara. Si el cambio de color ocurre fuera del rango, el operador a menudo recibe señales aún más claras.

13. Trading en Rango para Day Traders y Scalpers

Después de haber escrito sobre la negociación en rangos con gráficos de una y cuatro horas, surge la pregunta sobre si las estrategias mencionadas podrían aplicarse a períodos más cortos. En otras palabras, ¿pueden los day traders e incluso los scalpers beneficiarse con este método?

Puedo responder esta pregunta con un claro "sí". Es una peculiaridad de los mercados financieros desarrollar patrones que son posibles en cada marco temporal. También es de gran importancia que los traders que se mueven en tiempos más cortos no descuiden las temporalidades más extensas, ya que es en ellas donde realmente se mueve el mercado. Para ilustrar esto, echemos un vistazo al gráfico horario de la FDAX del 3 al 21 de julio de 2017.

Figura 30: FDAX, gráfico horario, 3 de julio – 21 de julio de 2017

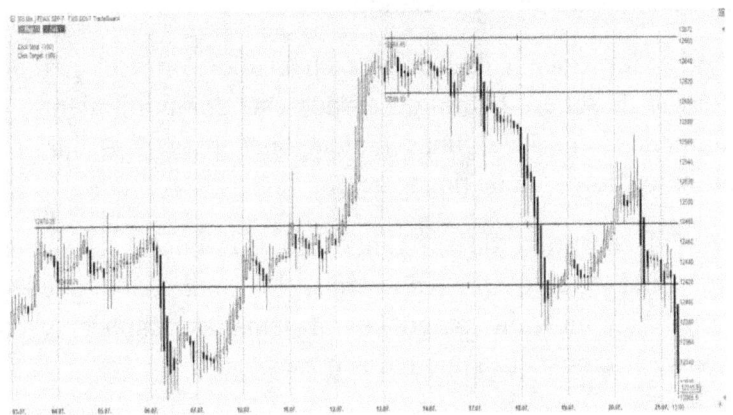

Este gráfico ilustra una vez más el hecho de que el mercado se desarrolla predominantemente en un modo "lateral", mientras que los períodos de tendencia son bastante cortos. Por supuesto, hay excepciones en las cuales los mercados pueden subir o bajar algunas semanas o incluso uno o dos meses, pero usualmente después de tal movimiento se consolidan durante meses. Es por eso que debemos tratar con estos "períodos sin tendencia".

Otro fenómeno interesante que muestra el gráfico anterior es el hecho de que a los mercados les gusta volver a los rangos establecidos, incluso después de haberlos abandonado por unos días (o semanas). Puedes ver esto en el lado izquierdo de la tabla, donde el FDAX abandona el rango el 6 y 7 de julio para alcanzarlo nuevamente después del fin de semana del 10 de julio.

Luego sigue una escalada (el 12 de julio) y un movimiento lateral los dos siguientes días (13-14 de julio), el cual se convierte en una fuerte bajada el 17 y el 18 de julio que lleva al DAX de nuevo al rango del 4 al 6 de julio, como si nada hubiese sucedido.

El day traders que de vez en cuando mira el gráfico horario de seguro habría observado este comportamiento, y al menos tendría algunas indicaciones para negociar los altibajos de su día de negociación.

Tal recaptura de un rango anterior ocurre con más frecuencia de lo que esperarías. Los mercados pueden "recordar" un viejo rango lateral semanas después, y en casos extremos hasta uno o dos meses.

Por lo tanto, si deseas conocer un poco más sobre tu "mercado intradía", realmente te recomiendo seguir la acción en el gráfico horario y en el gráfico de 4 horas. Encontrarás sorprendentes coincidencias que podrían ayudarte a determinar posibles puntos pivote durante la jornada de negociación. Si utilizas instrumentos como los gráficos heikin ashi, tienes buenas posibilidades de identificar entradas y salidas precisas en un gráfico de 5 minutos. Este es una de los gráficos más populares para los day traders. Observemos entonces un gráfico intradía del 5 de julio de 2017.

Figura 31: FDAX, gráfico de 5 minutos, 5 de julio de 2017

Después de que se estableció un rango el 3 y el 4 de julio, equivalente a 60 puntos en el FDAX, un day trader podría beneficiarse de este conocimiento y observar los eventos en los dos límites del rango (líneas horizontales).

Vemos en el gráfico de 5 minutos que el FDAX estaba en el límite inferior del rango justo antes de la apertura de la bolsa en Frankfurt (9:00 CET). Inicialmente, logró traspasar el soporte en el corto plazo, pero ninguno de estos intentos de los vendedores resultó sostenible. El precio de cierre de las velas se mantuvo por encima del límite inferior. Esta es una indicación inicial para el day trader de que el mercado podría ir en la otra dirección. El límite superior del rango, 60 puntos más arriba, sería el objetivo para un posible movimiento ascendente. Unos minutos más tarde (poco después de la apertura en Frankfurt) este movimiento ocurrió y golpeó el objetivo 20 minutos después.

El mercado se disparó sobre el objetivo e intentó "una ruptura", la cual también resultó ser falsa media hora antes. El day trader recibe de nuevo información importante que sugiere que el rango podría mantenerse. Por supuesto que nunca puedes estar seguro de esto, sin embargo, las velas heikin ashi mostraron dos intentos inútiles de superar la resistencia, por lo que el trader podría abrir una posición corta en la línea de resistencia con el límite inferior como objetivo (flecha roja superior). Esta idea demostró ser rentable, ya que media hora más tarde el DAX estaba exactamente en el mismo lugar donde había comenzado en la apertura del mercado (en la línea de soporte).

Además, el mercado se mantuvo dinámico. Por segunda vez, los vendedores intentaron empujar el FDAX por debajo del rango, fallando de nuevo en el intento. Esta es otra indicación que un day trader podría utilizar para tomar otro intento largo en la línea de soporte. Aunque esta evaluación resultó ser correcta, el FDAX no alcanzó el objetivo de precio tan rápido como en las dos primeras ocasiones. No fue sino hasta el cierre de la jornada de negociación (22.00 CET) que el FDAX finalmente alcanzó el límite superior. Por lo tanto, un trader podría obtener tres veces 60 puntos en la FDAX, lo que corresponde a 4500 euros por contrato negociado.

En la práctica, sé que estos objetivos tardíos en el trading intradía son difíciles de lograr. Después de todo, el trader quiere tomarse un descanso. Aún puedes negociarlos usando más de un contrato. Si el FDAX es demasiado costoso, siempre puedes operar el nuevo futuro sobre el mini-DAX. Como puedes ver, el mercado se movió dentro del rango por el resto del día. Para tales casos, recomiendo hacer un escalado de salida. Si el trader está en largo con tres contratos, puede vender un primer contrato al mediodía, un segundo contrato después de la apertura de los mercados estadounidenses y el tercer contrato con un stop en la entrada.

Figura 32: EUR/USD, gráfico de 1 minuto, 21 de julio de 2017

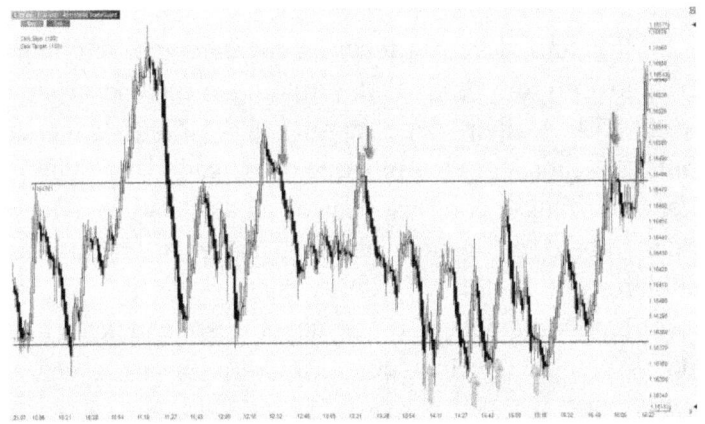

El scalping también tiene mucho que ver con el trading en rango. Incluso diría que funciona muy bien aquí, ya que el rango claramente marca "el campo de negociación", como puedes ver en el gráfico EUR/USD de arriba. El rango en este caso solo tenía 10 pips de ancho. Recomiendo operar estos rangos tan estrechos solamente si tienes excelentes condiciones en Forex, ya que un spread de un pip implica pagar el 10% del rango, y esto puede hacer la operación poco rentable.

Sin embargo, si solo pagas 0,2 o 0,3 pips hacer scalping puede valer la pena, como lo muestran claramente las señales en el gráfico. De las siete señales, solo la tercera señal corta (flecha roja en la esquina superior derecha) resultó en pérdida. Aquí el EUR/USD logró salir del rango.

Un scalper podría ganar mucho dinero con las otras señales. Sin embargo, es claro en este ejemplo que varias operaciones no alcanzaron el precio objetivo. Solo dos de ellas lograron llegar al otro extremo del rango.

Por lo tanto, debemos tener en cuenta que el scalping es un juego muy diferente al day trading o incluso al swing trading. El scalper debe aprender a tomar ganancias rápidas. Vemos, por ejemplo, que el mercado solo llegó a la mitad del rango con las cuatro señales largas (flechas verdes, abajo a la derecha). O las velas heikin ashi cambiaron de color y pronto cayeron de nuevo o se consolidaron un poco, como fue el caso con la primera señal de compra (flecha izquierda).

Incluso si el objetivo de precio era el límite superior del rango, en este punto el scalper debe intentar tomar los beneficios. Si el mercado le da cinco pips, debe tomar cinco pips. Si el mercado le da tres, entonces debe tomar tres. Si pensamos de manera optimista, un buen scalper puede hacer 15 a 20 pips en un mercado así. Huelga decir que si haces eso con uno o dos mini lotes ($10,000), no puedes ganarte la vida.

Sin embargo, los riesgos en cada posición son muy manejables. Si el scalper arriesga solo la mitad del rango (5 pips), solo arriesga $50 por cada contrato estándar negociado ($100,000). A los scalpers profesionales les gusta negociar tales movimientos mínimos con posiciones de algunos millones. Si uno de estos scalpers hace 10 pips con 10 contratos estándar, entonces su beneficio por ese día es de $1000. Este es un ingreso más razonable.

Además, ten en cuenta que las técnicas de escalado de salida mencionadas anteriormente no suelen funcionar para los scalpers. Especular solo significa cortar un poco de beneficio de un movimiento del mercado. Toma lo que te da el mercado y huye con el dinero, incluso si el mercado se mueve otros 10 puntos después de que hayas salido del mercado. Raramente podrás negociar todo el movimiento.

Figura 33: EUR/CHF, gráfico de 3 minutos, julio 21 de 2017

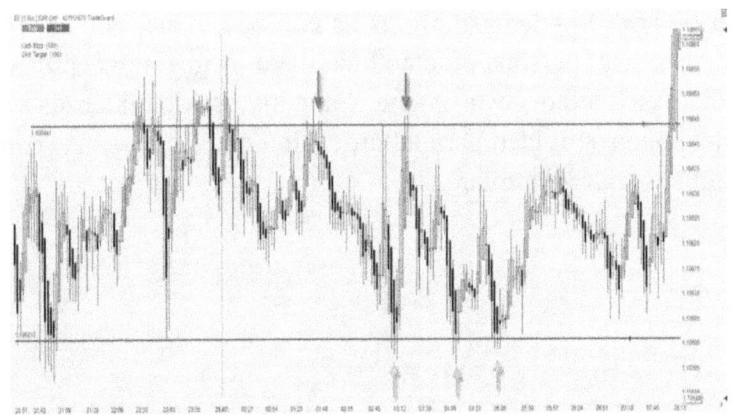

Un mercado de scalping muy especial es el llamado "mercado nocturno en Forex". Con "noche", me refiero a la noche europea y a la tarde estadounidense y americana. La volatilidad en el mercado Forex es baja a esta hora, y a veces vale la pena mirar los pares de divisas que en su mayoría experimentan una volatilidad baja, como el EUR/CHF o EUR/GBP.

Estos mercados a menudo se mueven en rangos tan estrechos que apenas o casi nunca los abandonan, como se muestra en el ejemplo anterior en el EUR/CHF. Este rango tenía solo 4.5 pips de ancho, un margen demasiado limitado para la mayoría de traders. Sin embargo, los scalpers inteligentes con muy buenas condiciones de mercado podrían echar un vistazo serio a ese mercado. Después de todo, hubo cinco señales durante un período de cuatro horas, tres de las cuales alcanzaron el precio objetivo.

Este tipo de negociación en rangos tan estrechos obviamente está restringida a traders muy especializados que operan en el mercado con grandes posiciones (desde $1,000,000). Además, si eres es europeo, debes ser por lo menos una persona noctámbula para negociar el franco suizo en medio de la noche. Para los estadounidenses es una buena actividad para la tarde, algo que las personas con empleo podría intentar.

Glosario

AUD/USD: par de divisas entre el dólar australiano y el dólar estadounidense.

Brecha (*Gap*): Espacio de tiempo entre el cierre de un día de negociación y el comienzo de otro.

Bono *(Bond)*: certificado de deuda.

Bróker (*Broker*): También llamado agente o corredor. Es un proveedor de servicios financieros responsable de la ejecución de las órdenes de inversión del inversor.

Candelabro (*Candlestick*): codificación de los cambios de precios sobre la base de una tecnología de análisis japonesa.

Comisiones (*Commissions*): costos a pagar en la compra y venta de valores o contratos de futuros.

Curva de Aprendizaje (*Learning Curve*): describe la tasa de éxito de aprendizaje en el transcurso de un tiempo determinado.

DAX: índice bursátil alemán.

Decisión de Tasa de Interés (*Interest Rate Decision*): describe un evento en el cual un banco central anuncia el futuro de las tasas de interés.

Deslizamiento (*Slippage*): la diferencia en el precio de operación esperado y el precio al que se ejecutó.

Doji: formación de candelabros en la cual el precio de apertura y cierre se encuentran en el mismo nivel.

Estrategia de Salida (*Exit Strategy*): una estrategia que determina la salida de un mercado.

EUR/CHF: par de divisas entre el euro y el franco suizo.

EUR/GBP: par de divisas entre el euro y la libra esterlina.

EUR/JPY: par de divisas entre el euro y el yen japonés.

EUR/USD: par de divisas entre el euro y el dólar estadounidense.

Expectativa (*Expectation*): cifra que indica el promedio de los resultados cuando el experimento se repite indefinidamente.

FDAX: futuro sobre el índice bursátil alemán DAX.

Futuros E-Mini (*E-Mini Futures*): contrato de futuros del índice estadounidense S&P 500.

Futuros T-Note (*T-Note Futures*): pagarés sobre los bonos del tesoro de los Estados Unidos a 2, 3, 5, 7 y 10 años

Futuro Eurostoxx50: futuro en el índice bursátil que contiene las 50 compañías cotizantes más grandes de la Eurozona.

GBP/JPY: par de divisas entre la libra esterlina y el yen japonés.

GBP/USD: par de divisas entre la libra esterlina y el dólar estadounidense.

Gestión de Capital (*Money Management*): estrategia que busca controlar el riesgo sobre el portafolio de instrumentos determinando el tamaño de las posiciones de negociación.

Gestión de riesgo (*Risk Management*): incluye todas las medidas para la identificación, el análisis, la evaluación, el seguimiento y el control sistemáticos de los riesgos.

Gráfico Heikin Ashi (*Heikin Ashi Chart*): representación gráfica japonesa de los cambios de precios.

Índice Bursátil (*Stock Index*): medida del rendimiento del mercado de acciones general o grupos de acciones individuales (por ejemplo, DAX o NASDAQ).

Liquidez (*Liquidity*): describe en qué medida un valor se puede vender y comprar en un momento dado.

Lote (*Lot*): es la unidad de comercio en el mercado de divisas y el mercado de futuros. En Forex, consiste en un contrato normal de 100,000 unidades de la divisa.

Objetivo de Precio (*Price Target*): precio de mercado a alcanzar por los valores y determinado mediante previo análisis.

Orden Bracket (Bracket Order): Esta orden está diseñada para limitar la pérdida y tomar los beneficios al "poner entre paréntesis" la orden de apertura con una orden stop-loss y una orden take profit.

Orden Límite (*Limit Order*): orden con un precio y/o tiempo fijo para la ejecución de la operación.

Orden Stop loss (*Stop Loss Order*): orden de venta que es ejecutada cuando se alcanza un precio determinado.

Orden de Toma de Beneficios (*Take Profit Order*): orden automatizada que se activa tan pronto como se alcanza un precio objetivo predefinido.

Parada de Arrastre (*Trailing Stop*): o stop de arrastre, orden de parada que sigue el precio automáticamente.

Parada de Tiempo (*Time stop*): orden que cierra automáticamente una posición después de un número determinado de períodos.

Pin bar: En el caso de un pin bar, un movimiento previo en una dirección se termina y se inicia un nuevo movimiento en la dirección opuesta.

Pip: porcentaje en punto, el menor cambio de precio en el trading de divisas.

Posición corta (*Short position*): cuando un trader vende una posición sin poseerla (venta corta).

Posición larga (*Long position*): cuando un trader compra valores y es dueño de ellos.

Precio objetivo (*Price Target*): precio que un activo debe alcanzar como resultado de un análisis.

Punto de Equilibrio (*Breakeven*): punto en el que el costo total y los ingresos totales son iguales.

Rango de Negociación (*Trading Range*): área de precio en la que se negocia un mercado en un período de tiempo específico (un día, una semana, varios meses).

Reducción (*Drawdown*): pérdida que puede surgir dentro de un tiempo determinado.

Relación Riesgo-Recompensa (*Risk-Reward Ratio*): índice que sirve como un indicador de la importancia de una operación. Se calcula dividiendo la rentabilidad esperada por la mayor pérdida posible (stop loss).

Resistencia (*Resistence*): nivel de precio en el cual aparecen más vendedores que compradores.

Seguimiento de Tendencia (*Trend following*): estrategia de trading que se centra en el seguimiento de tendencias previamente identificadas.

Señal Corta (*Short signal*): señal de trading que sugiere una venta corta.

S&P 500 (*Standard & Poor's 500*): Un índice bursátil que comprende 500 de las compañías estadounidenses más grandes.

Soporte (*Support*): nivel de precio en el cual los compradores emergen con mayor frecuencia.

Spread: diferencia entre el precio de compra y venta de un instrumento financiero.

Tasa de Aciertos (*Hit Rate*): relación entre el número de operaciones ganadoras sobre operaciones perdedoras.

Tic (*Tick*): el menor cambio de precio en un mercado de futuros.

Trading Intradía (*Day trading*): describe el comercio especulativo a corto plazo de valores. Las posiciones se abren y cierran dentro del mismo día de negociación, con el objetivo de beneficiarse de las bajas fluctuaciones de precios.

Trompo: patrón de Gráfico con cuerpo pequeño y sombras largas.

USD/CAD: par de divisas entre el dólar estadounidense y el dólar canadiense.

USD/CHF: par de divisas entre el dólar estadounidense y el franco suizo.

USD/JPY: par de divisas entre el dólar estadounidense y el yen japonés.

Vuelta Redonda (*Round Turn*): transacción completada donde se ha comprado y revendido un activo.

Volatilidad (*Volatility*): desviación estándar. Indicador que especifica la variación en el precio de un mercado.

Más libros de Heikin Ashi Trader

Cómo Empezar un Negocio de Trading con $500

Muchos traders que apenas empiezan en el negocio financiero cuentan con poco capital disponible para negociar. Pero esto no es un obstáculo para comenzar una carrera exitosa en el trading.

Sin embargo, este libro no trata sobre cómo convertir una cuenta de $500 en una de $500,000. Son precisamente estas expectativas de retorno exageradas las que llevan a la mayoría de los principiantes al fracaso.

Por el contrario, el autor explica de una manera bastante realista cómo puedes convertirte en trader de tiempo completo a pesar de contar con un capital limitado. Esto aplica tanto para traders que quieran realizar su actividad en privado como para aquellos que eventualmente desean negociar activos financieros en nombre de sus clientes.

Este libro muestra paso a paso cómo hacerlo. Además, contiene un plan de acción concreto para cada paso. En principio, cualquiera puede ser un trader, si él o ella está dispuesto a aprender cómo funciona el negocio.

Tabla de Contenidos

1. ¿Cómo Hacerse Trader Con Tan Sólo $500 En La Cuenta?

2. ¿Cómo Adquirir Buenos Hábitos De Trading?

3. Conviértete En Un Trader Disciplinado

4. El Cuento De Hadas Del Interés Compuesto

5. ¿Cómo Negociar Con Una Cuenta De $500?

6. Trading Social

7. Habla Con Tu Agente

8. ¿Cómo Convertirse En Un Trader Profesional?

9. Negociando Para un Fondo de Cobertura

10. Aprende a Establecer Contactos

11. Conviértete en un Trader Profesional en 7 Pasos

12. $500 es Mucho Dinero

¿Cómo hacer scalping con el futuro del mini DAX?

Gracias a la introducción de los futuros del mini-DAX (símbolo **FDXM**), los traders privados con cuentas más pequeñas tienen ahora la posibilidad de hacer scalping sobre el índice alemán DAX de una manera profesional. A diferencia de la mayoría de instrumentos de trading, los futuros son la forma más transparente y eficaz para ganar dinero en los mercados financieros.

Los scalpers tienen infinitamente más oportunidades a la hora de hacer trading que los traders de posición o los day traders, lo que constituye la verdadera fortaleza de este estilo de negociación. Por consiguiente, el scalper puede gestionar su capital de una manera más eficaz que los demás participantes en el mercado, y de este modo, obtener mejores rendimientos.

En este libro, el Heikin Ashi Trader te muestra cómo hacer scalping exitosamente con el nuevo futuro del DAX. Aprenderás a entrar al mercado, a manejar tu posición y a encontrar el momento preciso para salir. Además, el libro contiene una gran cantidad de consejos y herramientas para hacer de tu trading una práctica aún más eficaz y precisa.

Tabla de Contenidos

1. El EUREX introduce el Futuro del Mini-DAX

2. El DAX Alemán, un Mercado Popular para los Traders Internacionales

3. Las Ventajas del Trading de Futuros

4. El Gráfico Heikin-Ashi

5. ¿Qué es el Scalping?

6. ¿Cuál es la Ventaja de Ser un Scalper?

7. La Configuración Básica del Scalping Heikin Ashi

8. Estrategias de Entrada

9. ¿Tienen Sentido las Re-entradas?

10. Estrategias de Salida

11. ¿Tienen Sentido los Objetivos Múltiples?

12. Cuándo Debes Hacer Scalping (y Cuándo No) con el Futuro del Mini DAX

13. Instrumentos Útiles para los Scalpers

A. Colocando Órdenes
B. Abrir y Cerrar Órdenes
C. Gestionando Órdenes Abiertas
D. La Parada de Arrastre como un Instrumento de Maximización de Beneficios

14. Diferentes Órdenes de Parada

A. La Parada Fija
B. La Parada de Arrastre
C. La Parada Lineal
D. La Parada de Tiempo
E. La Parada Parabólica
F. Combinando Paradas
G. Paradas Múltiples y Objetivos Múltiples

15. ¡En el Mercado El Dinero se Hace con las Estrategias de Salida!

16. Desarrollo Adicional del Análisis de Mercado

A. Niveles Clave de Precios
B. Estadísticas en Vivo

Epílogo

Glosario

Más Libros del Heikin Ashi Trader

Sobre el Autor

Sobre el Autor

Heikin Ashi Trader es el seudónimo de un trader con más de 16 años de experiencia en el day trading de futuros y divisas. Se especializa en el scalping y el day trading ultra-rápido. Además de su actividad comercial, también ha publicado múltiples libros en los que enseña sus métodos de negociación. Los temas que trata son: scalping, swing trading y gestión de dinero y riesgo.

Sello Editorial

© 2018 Heikin Ashi Trader

El trabajo que incluye todos los contenidos está protegido por derechos de autor. Todos los derechos reservados. Ninguna parte de esta publicación puede reproducirse o reproducirse de ninguna forma ni por ningún medio, ya sea electrónico, mecánico, fotocopia o de otro modo, sin el permiso expreso por escrito del autor.
Todos los derechos de traducción reservados.
El uso de este libro y la implementación de la información contenida en el mismo son bajo su propio riesgo. El trabajo, incluido todo el contenido, se ha compilado con el mayor cuidado. Sin embargo, los errores de impresión y la desinformación no pueden excluirse por completo. El autor no acepta ninguna responsabilidad por la actualidad, corrección e integridad de los contenidos del libro o por errores de impresión. No puede haber responsabilidad legal de ninguna forma por la información errónea y las consecuencias derivadas del autor. Para el contenido de las páginas de Internet impresas en este libro, los operadores de las respectivas páginas de Internet son los únicos responsables.

Primera edición 2018
Texto: © Copyright de Heikin Ashi Trader

Publicado por:
SPLENDID ISLAND, LLC
Rua Correia Teles, 28 A
1350-100-Lisbon
Portugal

Todos los derechos reservados